岳麓讲坛文集 人文素质教育演讲录

湖南大学教务处资助项目

问道

——文化新论

童调生 著

光明日报出版社

图书在版编目（CIP）数据

问道：文化新论 / 童调生著 . --北京：光明日报
出版社，2021.6
ISBN 978－7－5194－6015－0

Ⅰ.①问… Ⅱ.①童… Ⅲ.①中华文化 Ⅳ.
①K203

中国版本图书馆 CIP 数据核字（2021）第 077981 号

问道：文化新论
WENDAO：WENHUA XINLUN

著 者：童调生

责任编辑：杨 茹　　　　　　　　　责任校对：刘文文
封面设计：中联华文　　　　　　　　责任印制：曹 净

出版发行：光明日报出版社
地 址：北京市西城区永安路 106 号，100050
电 话：010－63169890（咨询），010－63131930（邮购）
传 真：010－63131930
网 址：http：//book.gmw.cn
E － mail：yangru@ gmw.cn
法律顾问：北京德恒律师事务所龚柳方律师

印 刷：三河市华东印刷有限公司
装 订：三河市华东印刷有限公司
本书如有破损、缺页、装订错误，请与本社联系调换，电话：010－63131930

开 本：170mm×240mm
字 数：200 千字　　　　　　　　　印 张：14.5
版 次：2021 年 6 月第 1 版　　　　　印 次：2021 年 6 月第 1 次印刷
书 号：ISBN 978－7－5194－6015－0
定 价：68.00 元

序　走进童话世界

王耀南（中国工程院院士）

爱因斯坦说："我们的全部科学，都是充满童趣的。"而居里夫人说："一位从事研究的科学家，是一个儿童，在大自然的景色中，好像迷醉于童话的故事一般。"由此我领悟到，为什么童老经常会使用童话、童谣、童画画为笔名；童老是矛盾的统一体：童老童不老。

童老的世界堪称充满传奇的童话世界。他是湖南省第一个自动化学科博士点的第一任博士生导师，桃李满天下。

1948年的上海，黑暗统治的天空阴云密布，那时童老正是初中学生，小小年纪却高声唱着《山那边哟好地方》（以下书名号中的文字都是本书中作品的标题）之歌，冲击黑暗，迎接黎明，令人感动。

在激情燃烧的20世纪50年代，如果你在青岛军港的码头上眺望到遥远的海风吹拂的海魂衫的身影，那是巡航归来的海军战士，其中就有童水兵。有一天在执行巡航任务时，他们打了一场战争史上罕见的传奇式海空之战斗，这场战斗只持续了几分钟，却令人惊心动魄。

到了科技兴国的年代，童老满怀激情，第一次投稿科研论文，第一次登上学术讲坛演讲，收获的是鲜花、掌声，还是赞美？都不是！收获的是尴尬，只讲了几句话就被赶下讲台，却激起了童老"虽九死其犹未悔"的豪情，收获了"路漫漫其修远兮，吾将上下而求索"的传奇，令人感慨不已。

童老在 76 岁时，冬天还坚持在冰冷刺骨的湘江水中《争做"浪里白条""出水芙蓉"》，登上海拔 5000 多米的那根拉高原，潜入瀑布下的深涧探寻"花果山水帘洞"的传奇。挥毫写下了：

少小从军征海疆，弹指两鬓尽染霜。

腊冬湘江戏寒水，雪原天风喜做伴。

令人啧啧称奇！

童老自 72 岁退休至今已 14 年，如今 86 岁的他却《鬼使神差》般闯进了100 多年来还未探索清楚的"迷途"，童老以敏锐的思想在迷途中探索形而上之道，演绎着"老骥伏枥，志在千里"之传奇。

中国文学史中，已经有"诗仙""诗圣""诗鬼"的称号，童老的文学新论《"诗神"，自然哲学之思考》在诗坛上树立了一个"诗神"的新标杆，创造了有文学史意义的传奇。已经有很多的书籍和文章论述了科学与艺术的交融，但是两个不同学科的隔阂，虽有千言万语的论述，我们终觉茫然。欲穷千里目，更上一层楼，登上《浪漫主义——科学和艺术的交汇》的制高点，远眺科学和科幻所构建的浪漫主义之艺术美景；进而展现出天地之美，万物之理汇合在形而上之道的传奇，令人豁然开朗。以"道法自然的哲学和美学"的观念审视控制论，发现了控制科学领域中所展示的对称之美、奇异之美和周期韵律之美，创造了控制理论与艺术美学相汇合的传奇。通过《爱因斯坦的"摇篮"之窥》，检视了文明古国科学的基因缺陷和长期无解的李约瑟之谜，批判了极端理性主义对于创造性的扼杀。《数学的理性、魅力和启示》揭示了数学的纯理性构建无限可能的虚拟世界的两种公理化方法，展示了数学构建在理性世界的天马行空的魅力，从而启迪一条科学创新之道。

童老第一次以《国学对科学创新的启示》为题在湖南大学电气与信息工程学院和研究生院联合举办的报告会演讲时，这个报告论述了国学研究的新领域，传递了文化自信的正能量，引起了听众极大的兴趣，国内几个大的网站都对此进行了专题报道。童老发表的论文《伪科学还是真科学？——论中国古代天文学》展现了一个百花齐放、百家争鸣的新天地；《燕子启示录》，数百字的出神入化、引人入胜的小文章，却包含着深刻的哲理。

童老，师从童话，创作了一系列浪漫主义、别具一格、大胆幻想的美术作品：粗犷的赤脚西北汉以黄河奔腾的咆哮为曲，向天高奏唢呐《黄河颂》；冷峻的长衫客把剑问《昆仑》；白毛女跳着《红头绳之舞》，迎接"北风吹，雪花飘，年来到"。童老创造了童画之中的童话，童话之中的童画的美术传奇。

童老所著的书中，每一篇作品都有创新的亮点。

这是一本既标新立异，又充满正能量，传播文化自信的书；一本既有学术价值，又有趣味性、可读性，充满激情的书。读完这本书以后，我闭目沉思，童老已是86岁高龄，思想的敏锐却不减当年，还满怀激情在形而上的追求中创造着"老骥伏枥，志在千里"的传奇世界。

我们离开这本书的传奇世界，看看童老的不老世界：在湖南大学骑单车最老的人是童不老，在湖南大学游泳馆游泳最老的人是童不老。有一天在游泳馆，童不老要和年富力强的滕召胜博士比赛游泳，童不老定下规则：表演一场龟兔赛跑，比赛谁游得慢，但是速度不能为负。滕博士会踩水，满怀取胜的信心，在水中几乎可以不前进；皮包骨头、比重大大超过滕博士的童不老身怀诡技。谁能取胜？且看书中的《新龟兔赛跑——诡技》分解。

老师邀我作序，我欣然从命，写下这篇读后感言。

目　录
CONTENTS

"判天地之美，析万物之理"

"诗神"，自然哲学之思考

中国诗坛上有"诗仙""诗圣""诗鬼"，但还没有"诗神"，诗神桂冠应属于谁？

"诗鬼"李贺对屈原的楚辞作品敬仰之至，随身携带"楚辞系肘后"；不时吟诵"咽咽学楚吟"；并且"斫取青光写楚辞，腻香春粉黑离离"。

"诗圣"杜甫把屈原和宋玉诗词的艺术水平喻作自己要攀登的高山，"窃攀屈宋宜方驾，恐与齐梁作后尘"。

"诗仙"李白则更高地擎起了"屈平辞赋悬日月，楚王台榭空山丘"的大旗。

看来"诗神"之桂冠非屈平（屈原）莫属了。

何以"屈平辞赋悬日月"？

1953年世界和平大会将屈原与哥白尼并列为"世界文化名人"而纪念，因为他们都为人类做出了重大贡献。波兰天文学家哥白尼的贡献在于推翻了人类数千年以来所固有的"地心说"的观念而建立了"日心说"；屈原在诗词艺术上是浪漫主义的祖师爷，是众所周知的。但是屈原在自然哲学方面的贡献还有很多未知数，现在就从自然哲学的角度看看何以"屈平辞赋悬日月"。

屈原的二十多篇悬日月的辞赋中，《天问》是一篇问天的神作。正如鲁迅在《摩罗诗力说》一文中对《天问》的赞语："怀疑自遂古之初，直至百物之琐末，放言无惮，为前人所不敢言。"

从自然科学的角度看，《天问》被李政道誉为"用诗写就的宇宙学论文"。屈原在 2300 年前就在诗中巧妙运用了几何学和物理学的对称性原理，提出了地球是圆的，可能是个东西、南北不一样长的扁椭圆球体的猜想。

事实上，《天问》中还蕴含着更伟大的自然哲学猜想。"阴阳三合，何本何化？""圜则九重……斡维焉系？""日月安属？列星安陈？""隅隈多有，谁知其数？"这些问题对应着宇宙演化、万有引力和时空弯曲的猜想。

中国古代的天即为宇宙，"四方上下曰宇，往古来今曰宙"，孔子曰"天何言哉？四时行焉，百物生焉，天何言哉"，杜甫诗云"乾坤万里眼，时序百年心"，可见中国古代哲学和文学中的天都是包罗万物万象的时间和空间的综合体。

屈原在《天问》中提出穿越时空的自然哲学三大问。

屈原首问天："阴阳三合，何本何化？"阴阳和元气三者结合，本源何处？怎样演化？

中国自古以来，学者们如天马行空，对宇宙演化提出了许多不同的猜想，形成了很多学派理论，元素论、道论、气论、太极论、神创论和象数论等，都认为宇宙是在不停地演化着的。其中也有与"星云"说接近的"气化说"。早在《淮南子·天文训》中就有一种思想，认为天地形成以前，是一团混沌状态的气体。气有轻重，轻清者上升而为天，重浊者凝结而为地，天先成而地后定。天地的精气合而为阴阳，阳气积久生火，火的精气变成太阳。阴气积久生水，水的精气变成月亮。太阳和月亮过剩的精气变成星星。

既然在屈原之前中国古代就有天体演化的学说，那么为什么屈原会在天问中提出宇宙演化的问题呢？因为中国自古以来，学者们如天马行空，对宇宙演化提出了许多不同的猜想，元素论、道论、精气论、气论等。我们可爱的屈老夫子要打破砂锅，提出形而上的质疑"何本何化"。

这是宇宙演化之问。在科学史上，古希腊哲学家亚里士多德认为宇宙是一个大水晶球体，整体上是不变的。由于宗教的原因，宇宙不变论也是文艺复兴前西方学术界普遍的观点。直到18世纪康德才用"星云说"提出了宇宙的"何本何化"。这是屈原跨越两千多年时空与伟大哲学家康德的对话。

屈原又问天："圜则九重……斡维焉系？""日月安属？列星安陈？"

我们的诗神屈原的思绪飞上九重天，这九重天上分布有日月和星辰无数，它们是怎样维系的呢？17世纪英国的牛顿解决了宇宙空间"斡维焉系"的问题。苹果掉落砸在牛顿脑壳上，启发了牛顿"日月安属？列星安陈？"之问的灵感，抓住这灵感再经过深入艰苦的研究，终于得到了解决"斡维焉系？"之问的"万有引力定律"。这是屈原跨越两千多年时空与伟大科学家牛顿的对话。

诗神屈原三问天："隅隈多有，谁知其数？"

屈原老夫子可真神，竟然敢于冒犯老天爷，说天有许多曲里拐弯！然而这可是一个大胆的科学猜想，用现代物理学语言讲就是时空弯曲！这是伟大诗人屈原跨越两千两百多年的时空与伟大科学家爱因斯坦的对话！

20世纪，爱因斯坦用"广义相对论"揭开了宇宙时空的"隅隈多有"之谜。但"谁知其数"，现代科学也回答不了。

爱因斯坦说："想象比知识更重要，知识是有限的，而想象是无限的。"屈原的伟大想象来自何方？来自天上！爱因斯坦又说："提出问题比解决问题更重要。"屈原神就神在对天、对宇宙提出了如此伟大的问题！"乾坤万里眼，时序百年心"，这些问题竟然跨越千年引无数科学家竞折腰。屈原不是一位普通诗人，是伟大的自然哲学诗人！如果说李白是诗仙，那么屈原则是翱翔于天空的诗神。

现代科学的一些结论，在古代就有类似的疑问和猜想。发现"万有引力"的牛顿就曾说过，古代的先民早就知道万有引力定律这样的物理规律，只是随着人类的堕落，这些知识才逐步失传和遗忘。牛顿就曾花了大量精力和时间在西方先民遗存的资料和《圣经》中查找有关万有引力的线索。牛顿哪里知道这神秘的真理竟隐藏在两千多年以前古老东方屈原的《天问》里！历史和先知是如此巧合，屈原关于天的"何本何化"（宇宙演化之问）、"斡维焉系"（万有引力之问）、"隅隈多有"（时空弯曲之问）以及其他自然哲学问题，不正是由于以后中国两千年封建社会的堕落而被忽略的吗？

屈原以超前的理性思维探求的天地宇宙之"元"问题，往事越千年成为现代科学还在思考的问题。德国诗人歌德说："幻想是诗人的翅膀，假设是科学的天梯。"屈原鼓动着幻想的翅膀飞向宇宙，高颂着惊天地、泣鬼神之"天问"，穿越数千年时空，激荡着回响！

"天子呼来不上船"，诗仙李白浪漫到敢于冒犯天子；诗神屈原则浪漫到敢于诘问天！李白是诗仙，屈原则是当之无愧的诗神！

本文获第 6 届中外诗歌散文邀请赛一等奖。

本文入选《中外诗歌散文精品集》，中国文化出版社，北京，2019 年10 月。

浪漫主义——科学和艺术的交汇

科学和诗歌浪漫相遇

"幻想是诗歌的翅膀

假设是科学的天梯"

科学攀登天梯

诗歌舞动双翼

无限维度时空中

浪漫相遇

展开幻想的双翼

银河将充满诗意

阿基米德　倚天舞千钧

"给我一个支点

撬动地球"划长空

银河飞虹

迎牛郎　会织女

惊天鹊　喜听

银色浪漫曲

展开幻想的双翼

太空将回荡大乐

开普勒　观天文　察星动

谱写

"世界和谐之音"

"大乐，天地同和"

惊乐神　喜闻

星空浪漫曲

展开幻想的双翼

海风吹拂稻花香

"海水种稻

千万亩荒凉海滩变良田

人类永别饥荒"

隆平院士高寿心未老奋图

海之道

惊神农　喜和

海稻花香浪漫曲

注1，诗人歌德："幻想是诗歌的翅膀，假设是科学的天梯。"

注2，古希腊科学家阿基米德在提出杠杆原理时说："给我一个支点，我将撬动地球。"

注3，《乐记》："大乐，天地同和。"

德国天文学家开普勒在提出行星运动三大定律时说，"这是世界和谐之声"，并写了一本著作《世界的和谐》。

注4，袁隆平："海水种稻，解决人类的粮食问题。"

一、引言

1957 年人类第一颗人造卫星上天，在这之前，中国的古人就产生了飞天、嫦娥奔月、孙悟空大闹天宫的遐想，这是浪漫主义的神话、梦想，是艺术。但是中国古人并没有把飞天的想象停留在神话和梦想之中，据史料记载，两千多年以前的墨子，"墨子为木鸢，三年而成，飞一日而败""公输子削竹木以为鹊，成而飞之"，还有中国古人发明至今还在玩耍的火箭冲天炮。不必去追究墨子和公输子的鸢鹊是否真正飞起来了，飞天在中国古代不仅仅是神话，而且蕴含着航空航天的科学企望，这是古人由梦想转变到实现的欲望再到力行的过程。想象性思维方式的幻想与理性逻辑思考相互交汇，往事越千年，飞天的神话和梦想已经成为航空航天的科学，人类至今在航天科学中不断发挥着浪漫主义飞天的想象。

浪漫主义思潮产生于欧洲 18 世纪末期，是文学艺术的一种流派。发挥自由想象是浪漫主义精神风格的核心。

在科学创造领域同样需要自由丰富的想象。科幻作品的幻想（例如《流浪地球》）、自然哲学的猜想（例如屈原的《天问》）、科学的假设（例如开普勒的《世界的和谐》）和文学艺术作品的浪漫主义同样都是建立在自由想象的思维方式之上，所以浪漫主义成了科学和艺术的交汇点。

无论是科学还是艺术，新的思想火花往往是在浪漫主义灵感和想象中迸发的，继而燃起了创造的冲动，形成了科学和艺术发展的动力。"满眼生机转化钧，天工人巧日争新"（清　赵翼《论诗五绝》之一）；物理学家、诺贝尔奖获得者李政道说，"科学和艺术的共同基础是创造"；科学艺术之美的源泉是创造。在自然科学领域，由亚里士多德宇宙水晶体的学说到康德的星云说的求索，由地心说到日心说的求索，由牛顿的经典力学到爱因斯坦的相对论力学的求索，由欧几里得几何到罗巴切夫斯基非欧几何的求索，科学上每一次求索都伴随着新理论的创造。

德国的诗人歌德说："幻想是诗歌的翅膀，假设是科学的天梯。"幻想和假设都是源于想象。爱因斯坦说："想象比知识更重要，知识是有限的，而想象是无限的。"想象就是创造和创新的源泉。

浪漫主义思维方式是感性的想象性思维，理性则是逻辑演绎的思维方式，而极端的理性排斥感性的想象性思维方式，极大地遏制了个性和创造性的发展。

在数学史中有一个发生在古希腊的很有名的有理数和无理数纠缠的历史事件。在这个事件中，主张唯有理数（宇宙间的一切现象都能归结为整数或整数之比）的毕达哥拉斯学派杀害了自己门徒中发现无理数性质（当时并未给出无理数的定义）的希帕索斯。毕达哥拉斯学派无疑是一个具有优秀理性传统的学派，但是理性传统的过度发展遏制了个性和创造性的发展。这个事件也充分说明了理性极端发展会转化为它的反面——非理性，由此形成了数学史上的第一次危机。

在人类的文明史上，正是理性主义的极端发展才促成了与之相悖的浪漫主义思潮广泛兴起。"发挥自由想象以表达个人主观情感"成为浪漫主义精神风格。

在汉语中，浪漫主义是从西方引进的词语，但是从更宽泛的意义和历史上考量，浪漫主义这个词语在汉语中出现之前，中国古代文明中就存在着浪漫主义。

浪漫主义是反对理性主义崇拜的，但浪漫主义和理性，和现实主义，和理想主义等是什么关系？本文将通过一些事例来探讨这些问题。

二、浪漫主义三要素

刘勰在《文心雕龙·时序》中说"屈平联藻于日月，宋玉交彩于风云，观其艳说，则笼罩《雅》《颂》；故知炜烨之奇意，出乎纵横之诡俗也"。其中的"奇意""纵横之诡俗"意味着大胆的幻想；诗人歌德有诗句"幻想是诗歌的翅膀，假设是科学的天梯"；而自然科学家法拉第在物理学和化学学科取得了一系列重大的成果后，竟然感悟到"一旦科学插上幻想的翅膀，它就能赢得胜利"。刘勰、歌德和法拉第的论点都是对浪漫主义的最好诠释。无论是诗歌的幻想还是科学的猜想（假设）都是一种想象，一种创造性的思维活动。

屈原、宋玉和李白等一大批中国古代诗人的诗歌都插上了幻想的翅膀，毫无疑义在文学史上他们都是浪漫主义的诗人。

这些文学家和科学家的浪漫主义都具有深刻的理性内涵。且看浪漫主义诗人李白的《月下独酌》：

花间一壶酒，独酌无相亲。举杯邀明月，对影成三人。月既不解饮，影徒随我身。暂伴月将影，行乐须及春。我歌月徘徊，我舞影零乱。醒时同交欢，醉后各分散。永结无情游，相期邈云汉。

这首诗的特点有三个：

第一，晚唐诗人皮日休这样评价李白诗歌，"言出天地外，思出鬼神表，读之则神驰八极，测之则心怀四溟，磊磊落落，真非世间语者"。在《月下独酌》这首诗中，李白与月亮共饮共舞，"非世间语者"的"自由想象"发挥到了极致。

第二，这首《月下独酌》表现出诗人自由浪漫的性情，体现了他的孤高傲世、不愿与世同流的"壮浪纵恣，摆去拘束"（元稹语）、热爱自由的人生哲学，表达了诗人对社会的不满和批判；此外，这首诗还包含着天人合一的哲理内涵。由此可见，优秀的富有想象力的浪漫主义文学和艺术作品应该是有哲理内涵的。

第三，在以上两种要素的基础上，浪漫主义还应该具有美学的意义，给人以美的感受。李白的月下独酌，花、月相伴，邀月随影，对歌共舞，如入仙境，形成了一幅动态美的画面。

想象不仅是文学艺术创作的源泉，也是科学史上许多伟大发现的开始，美国的哲学家杜威说："科学的每一项巨大成就，都是以大胆的幻想为出发点的。"

三、自然哲学的浪漫主义

由以上诗文的分析可见，浪漫主义应该包含三种要素：想象力、哲理性、美感。虽然这是从诗歌中抽象出来的文学艺术的浪漫主义三要素，但是很多伟大的自然科学的发现也具有这三种要素。

古希腊的阿基米德在提出杠杆原理时萌发了"直上重霄九"的幻想和诗意："给我一个支点，我将撬动地球。"阿基米德的诗意和科学在浪漫主义的时空中交汇。

古希腊哲学家亚里士多德在《创造之秘》中说："想象力是发明、发现及其他创造活动的源泉。"爱因斯坦在谈到科学发现时说："想象比知识更重要，知识是有限的，而想象是无限的。"

关于理性的科学哲学与感性的诗意想象之间的有机关联，习近平总书记这样说："在基础研究领域，也包括一些应用科技领域，要尊重科学研究灵感瞬间性、方式随意性、路径不确定性的特点，让科学家发挥自由畅想，大胆假设，认真求证。"科学史上许多伟大的发现都是从想象开始的，美国的哲学家杜威说："科学的每一项巨大成就，都是以大胆的幻想为出发点的。"

科学史上日心说的发现也是从想象开始的。地心说是长期盛行于古代欧洲的宇宙学说，直到16世纪，哥白尼提出了具有革命性意义的日心说，对于日心说他是这样想象的："在美丽的宇宙殿堂中，谁能把这个火炬放在更好的地位，使它的光明同时照到整个宇宙？有人把太阳叫作宇宙的灯，有人叫作宇宙的心，更有人叫作宇宙的统治者。太阳就坐在皇帝的宝座上，管理周围的星球家族，在这样安排下，宇宙里就会有一种奇妙的对称，轨道的大小与运动都有一定的和谐关系。"

在科学史上，丰富并发展了哥白尼日心说体系的开普勒行星运动三定律也是和音乐艺术的想象密切关联着的。

著名天文学家第谷给开普勒留下了许多天文观测资料，他应用这些天文资料对太阳系内行星的运行进行了大量的计算。起先，他用行星运动的线速度试算，可是得不到太阳系的"和声"；后来，他运用行星绕太阳的角速度进行计算，开普勒渐渐进入"太阳系交响乐"和谐梦幻的境界之中，终于找到了太阳系行星"和谐的大合奏"，开普勒无限感慨并赞叹道："这是一支庄严的天上赞歌，虽然人们无法用耳朵倾听，但我们能用心智去领会。"从而提出了著名的"开普勒行星运行三定律"，定量描述了行星运动的规律。开普勒由此丰富发展了哥白尼日心说体系，这在天体力学上是一个很大的发展。开普勒根据自己所提出的行星运行三定律，写成世界天文学史上的经典之作——《世界的和谐》（*Harmonies of the World*）（北京大学出版社，2011 年），摘其部分目录如下：

……

第二章　论和谐比例与五种正立体形之间的关系

第三章　研究天体和谐所必需的天文学原理之概要

……

第五章　系统的音高或音阶的音、歌曲的种类、大调和小调均已在（相对于太阳上的观测者的）行星的视运动的比例中表现了出来

第六章　音乐的调式及其在行星的极运动中的表现

……

第八章　在天体的和谐中，哪颗行星唱女高音，哪颗唱女低音，哪颗唱男高音，哪颗唱男低音

......

第十章　结语：关于太阳的猜想

这本书一共十章，其中大部分章节都联想着音乐的和谐，如果仅仅看书的章节目录，这就是一部太空交响乐（Space Symphony），或者太空歌剧（Space Opera）。开普勒在这种想象思维的启发下，通过艰辛严格的数学计算和逻辑演绎终于发现了"天体音乐"的和谐。

美国耶鲁大学有位音乐教授曾尝试着要把开普勒所发现的"宇宙和音"，变为真正能听到的"行星音乐"。他假定每个行星的音调和环绕太阳公转的角速度成正比例，从而用计算机推算出每个行星的音调频率，灌制了行星音乐的唱片。当开动唱机时，人们能听到水星的音乐如短笛声、金星像小鸟啁啾、火星急速激昂、木星深沉缓慢……虽然这只是一种想象，一种象征性的模拟，但"行星音乐"的真正意义就在于它表明了宇宙科学所具有的音乐的和谐之美。

无独有偶，与"天体音乐"相对应，在中国两千多年前，《乐记》中的观点为："大乐与天地同和。"大地上风萧萧、雨渐渐，电闪雷鸣，天空中日月星辰、极光长虹交相辉映，形成了大自然中的交响和声，人间的伟大音乐在天地间产生回音和交响，形成了宇宙的壮美的和声。宇宙的和谐就是音乐的和谐，"大乐与天地同和"，天地之美实际上也就是音乐之美，所以乐者，天地之和也。如此，就为音乐的和谐美找到了物质基础和本体依据。以阴阳之道为基础，从宇宙生成论的角度论证与音乐之间的关联，"大乐与天地同和"，其气魄之大，思维之深，今人能不感佩古人？这是科学的艺术，艺术的科学；这是自然哲学的艺术，艺术的自然哲学。

这就是诗人的幻想和科学家的假设（想象、猜想）所形成的波澜壮阔的浪漫主义的大乐！

科学家袁隆平具有丰富的想象力。中国种植水稻已有六千年以上的历史，这六千年以来，水稻都是种植在淡水的田里，有谁曾想过把水稻种植在海水里？可是我们的"杂交水稻之父"中国工程院院士袁隆平就想到了。这件事说明了两个问题，袁隆平院士不仅是一位严谨的科学家，更是一位浪漫的科学家。他以 90 岁的高龄，戴着草帽，顶着烈日在田地里进行科学实验，是为严谨；他在海水中种植水稻，在海滩滩涂盐碱地种植水稻，是为浪漫。海滩滩涂盐碱地日积月累地被海水侵蚀，导致水分蒸发，泥土中盐的浓度比海水还要高，这无疑是惊雷震耳的新闻，这位严谨的科学家竟是如此浪漫，富有幻想力。

"幻想是诗歌的翅膀"，难道幻想是诗人的专利？不，袁隆平老先生就是富于幻想的浪漫主义科学家、浪漫主义的科学诗人。而且"海之稻"的幻想，正在通过袁隆平院士严谨的理论分析和科学实验，一步一步地走向现实，成为一种真正意义上的科学，届时袁隆平院士将再一次造福人类。

中国科学院院士吴孟超 97 岁还在手术台边操柳叶刀给病人动手术。他 82 岁时为一个名叫甜甜的病人割下一个重达 9 斤的巨大肝部血管瘤，手术的风险很大，很容易引起血管破裂，导致病人大出血而死亡。有些年轻同事劝他："这么大的瘤子，人家都不敢做您做了，万一出了事，您的名誉就毁了。"吴孟超回答："救人一命重要，名誉算什么，我不过就是一个吴孟超嘛！"

吴孟超创造了世界奇迹，他是一位"愿意把生命留在手术室"的"老神仙"（人们称呼他的雅号），这就是吴孟超老神仙的浪漫主义精神！

科学的探索是艰难深奥的，但是它也有发挥自由想象的天空和美的感受。居里夫人说："科学本身就具有伟大的美。一位从事研究工作的科学家，不仅是一个技术人员，而且是一个小孩，在大自然的景色中，好像迷醉于神话故事一般。"科学的发明创造具有如此浪漫主义的色彩，由此产生了巨大的吸引力，吸引着这些伟大的科学家迷醉其中。爱因斯坦说过："在漫长的生涯里，我领悟了一件事，我们的全部科学，相对现实来考量的话，都是充满童趣的。相对论是有魔力的。"

如果联系到"西方浪漫主义作为一种哲学的思潮正是在批判极端理性传统过程中广泛兴起的",则哥白尼、开普勒、居里夫人、爱因斯坦、法拉第和袁隆平等很多科学家之所以能够提出划时代的学说,正是在感性想象的启发下产生了创造性的灵感,具有浓郁的浪漫主义色彩,这本身是与极端理性传统相悖的;当然他们并不是停留在感性想象之中,而是进行了漫长而艰辛的理性探索,其中包括理论上的推演和实验的证明,这样才最终成就了他们的学说,使其既包含了深刻的科学原理,又展示了天地之大美,其实这种浪漫主义的自然哲学的源头就是中国古代的"原天地之美,达万物之理"(庄子)。

在科学史上,法拉第、哥白尼、开普勒和爱因斯坦等伟大的科学家都肯定并推崇感性的想象性思维对于科学发现的重要性,他们"撷取壮丽的大自然作为其素材,发挥自由想象,所蕴含的基本态度是对自然的崇敬"。他们在自然哲学中架起了"假设的天梯"直通宇宙,这"假设的天梯"发自他们的浪漫主义情怀的"自由想象",所以他们被称为浪漫主义的科学家。

中国古代最富有浪漫主义精神和色彩的诗人是屈原。1953年世界和平大会将屈原与哥白尼并列为"世界文化名人"而纪念,因为他们都为人类做出了重大贡献。波兰天文学家哥白尼的贡献在于推翻了人类数千年以来所固有的地心说的观念而建立了日心说;屈原在诗词艺术上是浪漫主义的祖师爷,是众所周知的。但是屈原在自然哲学方面的贡献还有很多未知数,现在从自然哲学的角度看看何以"屈平辞赋悬日月"。

屈原在《天问》中关于自然哲学的思考闪烁着"炜烨之奇意,出乎宇宙纵横之诡俗也"。《天问》被李政道誉为用诗写就的"宇宙学论文",屈原在两千三百年前就在诗中巧妙运用了几何学和物理学的对称性原理,提出了地球是圆的,可能是个东西、南北不一样长的扁椭圆球体的猜想。

事实上,《天问》中还蕴含着更伟大的自然哲学猜想。"阴阳三合,何本何化?""圜则九重……斡维焉系?""日月安属?列星安陈?""隅隈多有,谁知其数?"这些问题对应着宇宙演化、万有引力和时空弯曲的猜想。

"幻想是诗歌的翅膀，假设是科学的天梯"，屈原登上了科学的天梯，插上了幻想的翅膀，诗歌艺术和自然哲学的浪漫主义的光辉在屈原的辞赋中交相辉映。诗仙李白赞誉"屈平辞赋悬日月"，屈原是浪漫主义的诗人，又是浪漫主义的自然哲学家，"诗神"雅号非屈原莫属。

四、科幻的浪漫主义

以上所讨论的日心说、行星运行定律、万有引力、相对论等，都是科学家们对自然规律的研究，其中有猜想、假设、想象，也有近似于科幻的科学猜想，如开普勒的行星运行定律。屈原《天问》就是一种科幻，它们都是发挥"自由想象"的浪漫主义精神的产物。

科学猜想、科学假设、科学想象都有一定的科学依据，必须通过理论和实验的证明才能成为通向真理的桥梁，使科学的猜想最终成为科学的定理；如果通过证明得出这种科学猜想不成立，这就是一个失败的猜想。科学猜想作为科学的一部分是允许失败的，即使失败的科学猜想和科学研究也是有价值的，是后事之师，失败是成功之母。

开普勒关于太阳系如太空音乐的猜想建立在他的老师，天文学家第谷的许多天文观测资料之上，经过大量的理论推算和观察验证，最终获得了太阳系行星运行定律的太空音乐。这就应了大科学家牛顿的名言，"没有大胆的猜想，就不可能有伟大的发现和发明"。

与科学猜想不一样，科学幻想是超现实的，距离现实遥不可及，不需要科学的依据。例如，《天问》有关天地的疑问、想象在千年以前屈原的时代就是幻想，现在可以称之为科幻。与科学猜想相比较，科幻通向真理包含了更多的偶然性。有些科幻则接近于神话，有些古代的神话现在看起来其中也包含着科幻式的想象。

神话小说《西游记》至今还为很多青少年所喜爱，因为其中很多的情节就是现在所说的科幻式的想象，甚至接近了现实。哪吒的风火轮的想象与现在的喷气式发动机的构想很接近，孙悟空的上天入海在现实中人类已经实现。神话的幻想和千百年以后的科学实现之间存在着偶然性，而科学的猜想与科学的实现之间有其必然性，有规律可循。

随着人类的进步，大量新科学兴起，例如，信息科学、控制科学、人工智能等，科学家们不再局限于探索一种能正确反映客观世界的科学理论，而是进入了一种主观创造世界，或者一种主观创造自然的阶段。科学家创造的过程，就如诗人写诗一样，"幻想是诗歌的翅膀"，幻想的翅膀越强大，所创造出来的世界就越美丽。难道不是吗？科幻作品——科学浪漫主义已经成为科学进步的强大发动机。

中国古代有歌舞机器人的科幻故事。

《列子·汤问》中《偃师造人》："周穆王西巡狩，越昆仑，不至弇山。反还，未及中国，道有献工人名偃师，穆王荐之，问曰：'若有何能？'偃师曰：'臣唯命所试。然臣已有所造，愿王先观之。'穆王曰：'日以俱来，吾与若俱观之。'翌日，偃师谒见王。王荐之曰：'若与偕来者何人邪？'对曰：'臣之所造能倡者。'穆王惊视之，趋步俯仰，信人也。巧夫鎮其颐，则歌合律；捧其手，则舞应节。千变万化，唯意所适。王以为实人也，与盛姬内御并观之。"

也有自动运输机械的科幻故事。

《三国演义》中诸葛亮造木牛流马，"每牛载十人所食一月之粮，行走千里之遥，人不大劳，牛不饮食"，充满着科幻的意味。行走千里之遥，牛不饮食，能量何来？所以我们说木牛流马是科幻，科幻并不要求严谨的科学依据。

再看以下一段文字：

> 元代伊士珍《琅嬛记》中关于"七宝灵檀几"的记载："谢霜回有七宝灵檀之几，几上有文字，随意所及，文字辄形隶篆真草，亦如人意。譬如一人欲修道，则使其人自观，几上则便有文字，因其缘分性资而曲

诱之。又如心欲得某物，则几上便有文字曰'某处可得'。又如欲医一病
人，或欲作一戏法，则文字便曰服何药愈，念何咒、书何符即得也。甚
至读书偶忘一句一字，无不现出。霜回宝之。"

这些文字描写的就如现在的电脑、互联网、人工智能医生一般。几百年
前的古代"科幻"，竟然和现代的信息科学接轨，而且成了现实，这种偶然性
的巧合不禁令人啧啧称奇！

据史料记载，两千多年以前的墨子"为木鸢三年而成，飞一日而败"，公
输子"削竹木以为鹊，成而飞之"。飞天在中国古代就不仅仅是神话，而且蕴
含着航空航天的科学梦想。把飘逸的梦想和古老的传说变成真切的现实历经
上千年，直到 20 世纪，人类才实现了"直上重霄九"的梦幻。

古已有之的科幻是一种浪漫主义精神的体现，如果没有这种科学的浪漫
主义梦想，人类将永远停留在原始人的状态。

可以预见，面对如此胆大的自由想象，科学、哲学将由形而上学阶段发
展到更加浪漫主义的阶段。

五、浪漫主义和理想主义

郭沫若曾盛赞毛泽东的诗词是浪漫主义和革命理想主义的完美结合。"江
山如此多娇，引无数英雄竞折腰"（《沁园春·雪》）、"寂寞嫦娥舒广袖，万
里长空且为忠魂舞。忽报人间曾伏虎，泪飞顿作倾盆雨"（《蝶恋花·答李淑
一》）、"山，快马加鞭未下鞍，惊回首，离天三尺三"（《十六字令·山》）、
"横空出世，莽昆仑，阅尽人间春色。……而今我谓昆仑：不要这高，不要这
多雪。安得倚天抽宝剑，把汝裁为三截？一截遗欧，一截赠美，一截还东国。
太平世界，环球同此凉热"（《念奴娇·昆仑》）。

诗人面对无比壮丽的祖国山川，进入了"山川使予代山川而言也，山川
与予神遇而迹化也"（清代画家石涛语）的意境。

许多艺术家以毛泽东诗词为主题创作了大量的音乐和美术作品。毛泽东主要的诗词几乎都谱写成歌曲，其中有大气磅礴的《沁园春·雪》，充满梦幻和激情的《蝶恋花·答李淑一》，充满革命乐观主义精神的《长征》等，这些歌曲在歌唱家和群众中广为流传。毛泽东的书法作品更是数不胜数，并且成立了毛体书法协会，专门研究毛泽东书法中的浪漫和理想的气韵。美术作品中，有象征意义的山水画《万山红遍》，气势恢宏、表现祖国壮丽山河的《江山如此多娇》，而国画《惊回首》（神作——科学网网友的评价）和《昆仑》则以忠实于相应诗词中神话般浪漫的画面构思，表现出毛泽东的革命浪漫主义和革命理想主义的情怀。

六、结论

西方浪漫主义思潮是在反对极端理性主义中诞生的，但浪漫主义与理性是相容的。

无论文学艺术还是自然哲学的浪漫主义作品都出自自由的想象，都具有丰富而深刻的内涵。

无论是科学技术，还是文学艺术，新的思想火花往往是在灵感和想象中迸发的。所以诗歌（艺术）和科学在"浪漫主义的天空"交汇。

从人的思维角度考察，想象性思维与理性思维过程往往是交替进行的。

浪漫主义与现实主义是一种辩证的关系，交互推动着人类文化的进步。

欧洲中世纪的黑暗和文艺复兴的历史，也是理性和非理性纠缠的历史、浪漫主义和理性主义辩证发展的历史。

从以上的角度考察，可以说人类的文化史是浪漫主义和理性主义互相纠缠、辩证发展的历史。

浪漫主义画作

昆仑
刊登于《文艺生活》2019 年 10 月

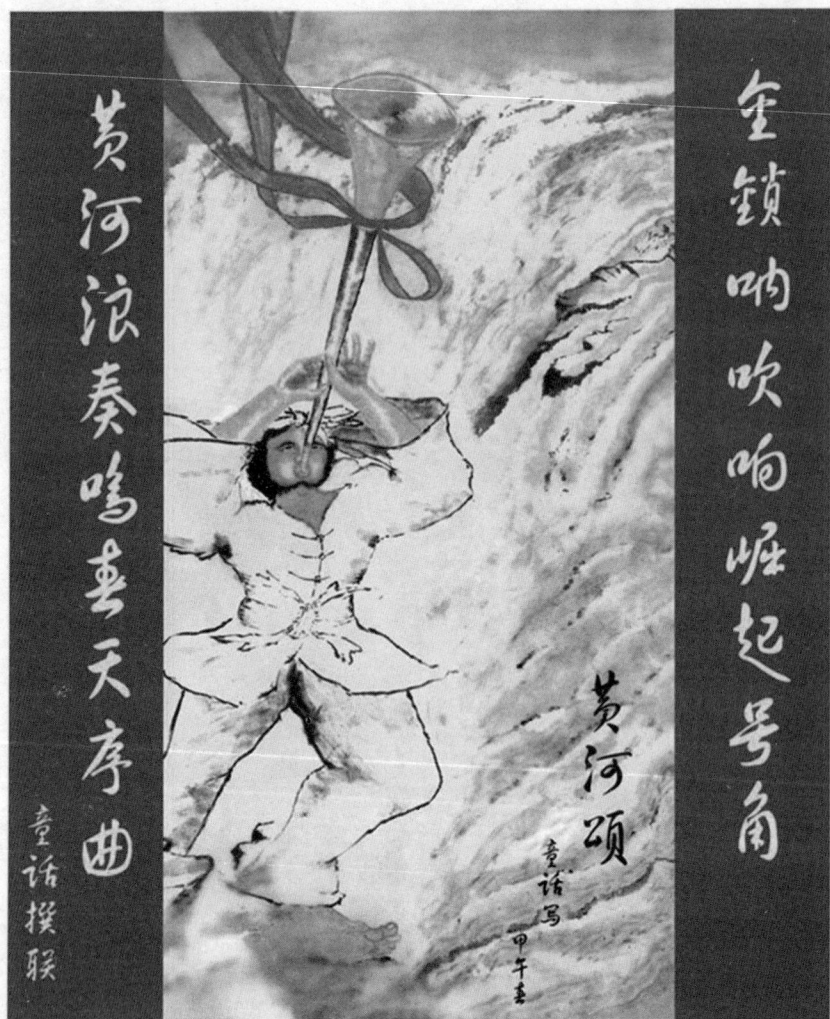

黄河颂
刊登于《艺术教育》2015 年第 9 期

红头绳之舞

刊登于《艺术教育》2015 年第 9 期

虎跳峡

郑和下西洋

刊登于《艺术教育》2015 年第 9 期

"道法自然"的哲学和美学意义
——兼论控制论中的美学

鹰击长空，猎隼展翼，

鱼翔浅底，蛟龙探海，

自然智能，人工智能，

形而上之道，道在何处？

众理寻道千百度，

蓦然回首，

那道却在"道法自然"哲理中。

（注：猎隼，歼击机的别称）

天空的和音，

行星的交响，

Do、re、mi、fa、so、la、xi，

是否万有引力弓弦的奏鸣？

极光的辉煌，

朝霞的灿烂，

赤、橙、黄、绿、蓝、青、紫，

是否太阳画笔的挥洒？

形而上之道，道在何处？

众理寻道千百度，

蓦然回首，

那道却在"原天地之美，达万物之理"哲思中。

（注：开普勒的行星运动三大定律）

"形而上者谓之道"，道是人类所追求的思想境界和知识，其中包括了哲学、美学、科学等。老子说："人法地，地法天，天法道，道法自然。"老子所说的"道"包含着自然美学和自然哲学的意义。老子主张追求道、自然，是天地相契合的最高境界。庄子说："天地有大美而不言，四时有明法而不议，万物有成理而不说，圣人者，原天地之美而达万物之理。"这段话表达了道家的美的自然之理，这也是中国古代直至现代重要的美学观。

原来人类审美观念来自自然界，所有的美学元素，诸如和谐、稳定、对称、奇异、灿烂、绚丽等都是来自人类对于自然界的欣赏。中国从古至今，大量的文学艺术作品中都有对自然美的歌颂：

"春日迟迟，卉木萋萋。仓庚喈喈，采蘩祁祁。"（《诗经·小雅·出车》）

"阳春布德泽，万物生光辉。"（《长歌行》）

"春江潮水连海平，海上明月共潮生。"（《春江花月夜》）

"日照香炉生紫烟，遥看瀑布挂前川。飞流直下三千尺，疑是银河落九天。"（《望庐山瀑布》）

毛泽东诗词中描写大自然风光的诗句更是脍炙人口：

"赤橙黄绿青蓝紫，谁持彩练当空舞？"（《菩萨蛮·大柏地》）

　　"独立寒秋，看万山红遍，层林尽染，漫江碧透。"（《沁园春·长沙》）

　　"江山如此多娇，引无数英雄竞折腰。"（《沁园春·雪》）

　　这些诗句的绚丽、迷人和娇艳等都是来自人类对于自然界的欣赏。

　　很多自然科学，如物理学、化学、生物学、宇宙科学等都是研究自然规律的科学。另外还有一些科学和技术是在自然规律的启发下创造出来的，例如，飞机是在鸟类飞行的启发下创造的；著名的红外制导的响尾蛇导弹是效法响尾蛇红外自导的原理；电脑、人工智能是对生物神经网络和自然智能的模仿。这些科学技术的形而上即"道法自然"，并由此产生了一门由自然世界通向人工世界的新兴学科——"仿生学"。

　　其中"控制论"是一种仿生学，它是模仿生物的反馈机制而创建的一门新兴的学科。单个的生物体的生理是一个复杂的巨系统，它的平衡、稳定、和谐，都是通过反馈机制来实现的。维纳在创建控制论时就说过，"控制论是动物内部通信和控制的理论"，这里讲的通信就是信息反馈的通信，维纳主要是从哲学的意义上提出控制问题。控制论的大发展不再局限于动物，应用到工程就是工程控制论，应用到人口就是人口控制论，应用到经济就是经济控制论，应用到人类神经系统就是神经控制论，等等。

　　列宁说过："人们对自然规律的认识，除了科学认识以外，还有一种审美认识。""自然科学和美学的研究对象虽然不同，但是都与人类的实践活动有着十分密切的联系。从认识论的角度来说，它们必然有很多共同的方面，这些共同的方面就是科学美学赖以生长的基础。"

　　从美学的角度看，科学和艺术具有某些共同的美学元素，例如，和谐性、对称性、周期律动性、奇异性和抽象性。这些审美元素是在人类长期与大自然的共生中"道法自然""原天地之美，达万物之理"而生成的。

一、和谐之美——减熵之美

"青山绿水就是金山银山"，这是大自然的和谐之美。

和谐、稳定是美学的重要元素，所有系统，包括自然和社会系统，在时空中不增熵，才能够达到和谐美丽。控制科学最基本的目的就是利用反馈保证系统处于减熵的状态，所以作为自然、工程和社会的控制科学不仅仅应用于自然、工程和社会系统之中，近年来已经应用于美学和艺术领域。

控制科学的稳定性研究、鲁棒控制、增广状态以及作者提出的增广控制，都要保证系统在参数变化或外界扰动条件下经过动态过程达到稳定、有序、减熵的状态。

二、对称之美

自然界的动物形态各异，然而它们都具有对称性的特点。奔驰草原的猎豹、搏击长空的雄鹰、腾跃海洋的巨鲸等，只有对称性才能保证它们静态的平衡稳定、动态的均匀和谐。在与自然的共生环境中，人类"道法自然"形成了对称美的审美观念。

对偶是中国古典文学中美学因素之一，楹联因"道法自然"严谨的对称结构而具有对称之美：

马踏飞燕凌云起，
鞭扬碧宇迓春来。

浪卷金沙震千仞，
虎啸峡谷惊九天。

道法自然，原天地美，达万物理，

情系人间，立初心志，奋宏图梦。

泼彩赤橙黄绿蓝紫似中拟西绘山川风雨浪涛景，
涂墨喜怒哀乐美丑奇章异技写人间温柔豪壮情。

白居易受命担任东都洛阳分司时，同僚好友们在兴化亭为他设宴送别。大家约定各自赋诗一首，一字至七字为句，除第一句外，每行各两句，字数渐次增加。后来这种格式奇特的诗被谱为词，词牌名为《一七令》。其题目和韵都是"诗"，依次写出诗的特点，最后以记录在座好友所写作品为结尾，以答谢友人的情谊。

全诗排列状如宝塔，故又名《金塔词》，其"道法自然"是对空间对称美的妙用。

白居易《一七令·诗》：

诗

绮美　　瑰奇

明月夜　　落花时

能助欢笑　　亦伤别离

调清金石怨　　吟苦鬼神悲

天下只应我爱　　世间惟有君知

自从都尉别苏句　　便到司空送白辞

自然界具有广泛的时空对称性，这种对称性形成了人类感官中重要的美学元素。

清代的女诗人吴绛雪的春夏秋冬回文诗则表现了时空对称性的奥妙：

《春》诗：莺啼岸柳弄春晴夜月明。

《夏》诗：香莲碧水动风凉夏日长。

《秋》诗：秋江楚雁宿沙洲浅水流。

《冬》诗：红炉透炭炙寒风御隆冬。

顺读得两句，倒读得两句，即成4首七言绝句：

《春》诗应读成："莺啼岸柳弄春晴，柳弄春晴夜月明；明月夜晴春弄柳，晴春弄柳岸啼莺。"

《夏》诗应读成："香莲碧水动风凉，水动风凉夏日长；长日夏凉风动水，凉风动水碧莲香。"

《秋》诗应读成："秋江楚雁宿沙洲，雁宿沙洲浅水流；流水浅洲沙宿雁，洲沙宿雁楚江秋。"

《冬》诗应读成："红炉透炭炙寒风，炭炙寒风御隆冬；冬隆御风寒炙炭，风寒炙炭透炉红。"

创制天成，妙趣横生。这是中国古典文学在时空中"道法自然"的创新。

中国古建筑"道法自然"具有对称之美，无论是宫殿、庙宇、宝塔、桥梁、楼台亭阁，甚至城市的布局等几乎都考虑到"对称"这一美学法则的应用。西方各时代的建筑艺术，无论罗马式的、歌德式的、拜占庭式的建筑，还是伊斯兰的建筑、现代主义的建筑，也都因道法自然而具有对称之美，"对称"能给人一种平衡、稳定、和谐舒适之感，形成了人们对建筑物的庄重之美的审美观念。

湖南大学岳麓书院，御书楼

湖南大学岳麓书院正门

湖南大学老图书馆

　　物理科学中有物质和反物质，这是基本粒子的对称性。微观世界里基本粒子有三个基本的对称方式：第一是粒子和反粒子互相对称，为电荷（C）对称；第二是空间反射对称，即同一种粒子之间互为镜像，这叫宇称（P）；第三是时间反演对称，或称为时间（T）对称。

　　在物理学家眼中，时间一直被视为是可逆转的。比如说一对光子碰撞产生一个正电子和一个负电子，而正负电子相遇则同样产生一对光子，这两个过程都符合基本物理学定律，在时间上是对称的。如果用摄像机拍下其中一个过程然后播放，观看者将不能判断录像带是在正向还是逆向播放——从这个意义上说，时间没有了方向。

　　在粒子物理学里，反物质是反粒子概念的延伸，反物质是由反粒子构成的，如同普通物质是由普通粒子所构成的。物质与反物质的结合，会如同粒子与反粒子结合一般，导致两者湮灭，因而释放出高能光子或伽马射线。

1932 年由美国物理学家卡尔·安德森在实验中证实了正电子的存在，随后又发现了负质子和自旋方向相反的反中子。在宇宙学中，暗物质是指那些不发射任何光及电磁辐射的物质，人们目前只能通过引力产生的效应得知宇宙中有大量暗物质的存在。暗物质存在的最早证据来源于对球状星系旋转速度的观测。现代天文学通过引力透镜、宇宙中大尺度结构形成、微波背景辐射等的研究表明：我们目前所认知的部分大概只占宇宙的 4%，暗物质占了宇宙的 23%，还有 73% 是一种导致宇宙膨胀加速的暗能量。大自宇宙，小至晶体、分子、原子、基本粒子无不表现出令人感到奇妙的对称性。数学中的群论则是研究对称性的有力工具，被运用到晶体、分子、原子结构和光谱等领域。

三、奇异之美

所谓奇异性，是在一般规律中出现的反常的性质。

在大自然中，由于气象的异常变化而出现一些罕见的奇观异景：

海市蜃楼。在沙漠和海洋的上空，气温急剧变化引起空气密度不均，造成光线折射和反射，出现了海市蜃楼的现象。

红色极光。极光的颜色以绿色较为常见，但在阿拉斯加上空由于氧气被高度电离化，形成了一种非常罕见的极光——红色极光。

日晕。卷层云中的冰晶经过太阳照射后会发生折射和反射等物理变化，阳光便分解成了红、黄、绿、紫等多种颜色，这样太阳周围就出现了一个巨大的彩色光环，称为晕。

彩虹、染山霞、乳房云、重力波云等也都是非常罕见的天气景观。

在常见的景观中，可能产生审美疲劳，而这种罕见的奇幻异景则给人一种兴奋、惊艳的美感。

人们道法自然的奇异性，形成了科学与艺术中的奇异性的美学元素。

在服装设计艺术中，西装比中山装显得生动，是因为利用了不对称的奇异性元素；破洞牛仔裤比完整的牛仔裤显得青春活泼，是因为利用了和谐缺

损的奇异性；交响乐队中加入打击乐，打击乐是一种噪音，却有画龙点睛之
奇妙；中国书法中的草书，利用了平衡、稳定缺省的奇异性，可以形成万马
奔腾的动态气势。

　　"道法自然""奇正相生"是科学和艺术千变万化、赖以创新的一种哲学
思想。

　　物理科学中宇称不守恒是微观世界对称缺省的奇异性。自从宇称守恒定
律被李政道和杨振宁打破后，科学家很快又发现，粒子和反粒子的行为并不
是完全对称的！一些科学家进而提出，可能正是由于物理定律存在轻微的不
对称，使粒子的电荷（C）不对称，导致宇宙大爆炸之初生成的物质比反物
质略多了一点点，大部分物质与反物质湮灭了，剩余的物质才形成了我们今
天所认识的世界。如果物理定律严格对称，宇宙连同我们自身就都不会存在
了——宇宙大爆炸之后如果诞生了数量相同的物质和反物质，正反物质相遇
后就会立即湮灭，那么，星系、地球乃至人类就都没有机会形成了。

　　1998 年年末，物理学家们首次在微观世界中发现了违背时间对称性的事
件。欧洲原子能研究中心的科研人员发现，正负 K 介子在转换过程中存在时
间上的不对称性：反 K 介子转换为 K 介子的速率要比其逆转过程——K 介子
转换为反 K 介子来得要快。

　　至此，粒子世界的物理规律的对称性不完全守恒。然而粒子的本质是电
磁相互作用，粒子与粒子或粒子与物质间同样存在相互作用，在正物质宇宙
环境下也许正是这种粒子的相互作用影响差异使得粒子能量运动状态发生改
变而导致宇称不守恒。这就是物理世界对称中的奇异性。

　　数学中的无理数，相对于有理数是一种令人惊艳的奇异的问题。古希腊
一位哲学家、数学家希帕索斯为了探寻这种令人惊艳的奥秘，被毕达哥拉斯
学派的人推下大海，献出了生命。

四、律动之美——节奏性、周期性

　　在宇宙中，行星运行、地球上四季和昼夜变化都呈现出周期性的规律。

在自然界中，潮汐所表现出的潮涨潮落，化学元素性质有周期性变化的特点；动物心血管系统有周期循环的属性；植物的生长，候鸟的迁徙，都随着一年四季的变化周期的规律运行。

周期性也普遍存在于生活中。例如，人走路的步伐是有节奏的。周期性节奏感对很多体育运动既是成败的关键，也是美的体现。

各种系统，无论是自然的还是人工的系统运行之所以展示周期规律，一方面是由于反映系统动态特性的结构参数呈周期变化；另一方面与系统特定形式的控制输入——周期性激励密切相关。

音乐中的最基本的乐音之所以悦耳，是因为乐音是物体机械周期性振动形成的声音，非周期、无规则的振动所形成的则是噪音。乐曲中节拍有严格周期性，乐句、主题都表现了一定程度的周期性。周期中有一些变化，叫变奏。

例如，《蓝色多瑙河》：

《天鹅湖》中的《四小天鹅舞曲》：

抽象画——天鹅湖

音乐周期性的最重要的基础是明代的数学家、声学家朱载堉首先建立的。他运用勾股定理，在一个八度音程内算出了十二个音程值相等的半音，创立了"十二平均律"。如果用数学公式来表示十二平均律和频率变化之间的关系，就是一个公比为$\sqrt[12]{2}$的等比数列。这个音律系统能够满足任何曲调的需要，可以"终而复始，循环无端"地自由转调。几乎所有的乐器都必须按照"十二平均律"制作，甚至连现代钢琴这样的多键盘乐器的创制，也都有赖于朱载堉提供的这种声学理论基础。

各种舞蹈形式，如芭蕾舞、现代舞、街舞、广场舞、民间舞所表现出来的律动之美；很多体育运动，如游泳、赛跑、高山滑雪、花样滑冰、速度滑冰所表现出来的矫健之美；鹰击长空、鱼翔浅底的律动之美；等等，都和音乐一样，周期性的变化是它们律动的基本美学元素。

物理、化学、生物科学等，研究自然界周期性运动是其重要的内容；数学中的三角函数、级数等都具有周期性的特点。建筑物的结构呈现出的周期性一方面是为了满足工程力学条件做出的设计，另一方面呈现出音乐节奏性的美感。建筑学家梁思成早在 20 世纪 50 年代就对建筑物的节奏感做出了研究和分析。

无论是建筑物的节奏感，还是音乐乐曲的节奏感，都是由"道法自然"中的周期性而形成的一种美学元素。

五、抽象性——科学和艺术的抽象之美

抽象性也是在人类文化长期进步中形成的一种审美观念。例如，文字的进化。中国汉字最初是象形的，如甲骨文、金文、小篆，它们具有图画美和图案美。后来衍变出隶、草、楷、行各种不同的字体，书写性、抒情写意性日益加强，虽然各种书体的造型特点和艺术趣味不尽相同，但是，它们都是由点、线、面按一定的方向、角度、距离，依照一定的规则排列、交错、组合构成的一个平面的组织结构。所以书法实际上就是一种平面构成，它是一种形式美，遵循着形式美的种种法则。所谓形式美，是指"某些既不直接显示具体内容，而又具有一定审美特征的那种形式的美"（《美学基本原理》第81 页，上海人民出版社），书法形式美是由书法的各部件——点、线、面和它们的组合关系（比例、对称、均衡、节奏等）所呈现出来的审美特性。所以，中国的汉字发展就是由具象到抽象的过程。

抽象性为什么会是一种美？因为它给你一片想象的空间，琵琶独奏曲《十面埋伏》，一个琵琶几根弦，一拨弦，犹如千军万马之势，美妙！小提琴独奏曲《新疆之春》把听者带进天山下多彩的春天，美妙！京剧中没有门的开门、没有马的骑马，比真实的开门骑马更美妙！湖大图书馆东北角的一尊抽象雕塑，可以想象成鼓满风的帆，也可以想象成正在展翅待飞的雏鸟，给人无限的遐想，美妙！很多交响曲、钢琴曲都具有这种抽象美。抽象美，从美的角度来看，它们来源于真实，又高于真实。

科学之大美更是如此，粒子对撞后形成新粒子的运动轨迹图，如一幅美丽的抽象画。

模拟图　粒子对撞后形成新粒子的运动轨迹图（作者构思的作品）

在现代自然科学理论的宝库中，有许多闪现着美的光华之"珍宝"。麦克斯韦方程组将法拉第电磁感应定律、安培定律、欧姆定律等分散的、孤立的电磁学定律统一成一个整体，化成优美的数学形式，并出色地预言了电磁波的存在，故被誉为"神仙写出的公式"；卢瑟福和玻尔的原子结构模型，曾被爱因斯坦视为一种奇迹，称它为"思想领域中最高的音乐神韵"；爱因斯坦建立的广义相对论，更被认为是"一切现有物理理论中最美的一个""一个被人远远观赏的艺术品"。

爱因斯坦自己说："我的相对论是有魔力的。其实是一种极大的魅力，只要理解了它，你就会被它的魅力深深吸引，并和它的想象一起在无垠的宇宙翱翔。""知识是有限的，想象是无限的。"让我们展开想象的翅膀在科学和艺术的时空中自由飞翔!

六、控制科学之美

控制是通过系统的输入信号(信息)来改变系统的物质、运动、能量、系统和信息属性的一种方法。直接由输入信号来控制系统的属性,叫作开环控制;输入信号与输出信号综合以后对系统的属性进行控制,叫作闭环控制。大多数系统采用的是闭环控制。控制理论就是研究控制的方法和控制系统的运动过程的一种理论,可简称为控制论。

自从维纳提出了控制论以后,大量的数学家、工程师、生物学家以及各种专业的科学家对该领域产生兴趣。控制论是多种科学领域的交叉学科,例如,反馈是各种生物的重要行为控制,也是工程中的重要的控制方法;又如稳定性是数学中微分方程的一个重要研究领域,也是各种控制系统的重要性质;近年来蓬勃发展的人工智能控制是自然智能和人工智能的交叉,因此控制论具有多学科交叉的美学元素。以下介绍控制科学中的对称之美、周期律动之美、奇异之美,揭开控制科学神秘而美丽的面纱。

控制系统的对称之美

控制系统的能控性和能观测性存在着对偶的关系,每一个系统中的能控特性必定存在着一个与它对偶的能观测特性,一个系统能控的充分必要条件是另一个系统应是能观测的。

20世纪90年代,作者在控制科学中提出一种对称性:增广状态方法和增广控制方法在补偿滞后延迟方面具有完全相同的状态反馈表达式,所以二者数学上对称,在物理作用方面也对称。在最优控制理论中为了补偿延时,由美国学者提出过一种增广状态方法,作者根据对称性类比的猜想提出了增广控制方法,最终用数学证明了这二者奇妙的对称性,令人感到无比神奇和惊喜。增广控制方法比增广状态法的计算量小,而且具有同时补偿延时和扰动作用的优点。关于增广控制方法作者发表了 5 篇论文登载在《科学通报》和《控制理论与应用》。

　　研究控制理论中的对偶信息，就犹如看到了中国古典文学中对偶的楹联之美！还可以应用这种根据对偶关系由楹联的上联去对下联的方法，由已有的控制方法创造出一些新的控制方法和算法。妙哉！控制科学中的对称性。（童调生，1989）

控制系统的周期律动之美

　　自然界存在着大量的周期系统，从日月星辰的运行到动植物的生理周期，都是按照某一周期运行的。如果没有这样的周期性，天地之美也就不存在。系统运行之所以展示周期规律，一方面是由于反映系统动态特性的结构参数呈周期变化；另一方面由系统特定形式的控制输入——周期性激励所决定。

　　由于科学技术的发展，周期控制广泛应用到美化的工程中。城市夜景中彩色灯光的闪烁，舞台中景色的魔幻变化、波浪的起伏，舞蹈机器人的腾挪跳跃等，都是运用周期控制实现它们的节奏性的动感美。

　　湖南大学硕士研究生李志虎早在 20 世纪 80 年代就针对各种类型的周期过程的特点描述了最优周期控制问题，论述了最优化周期控制存在的必要条件，为使线性周期系统连续过程的性能得到优化提出了周期邦——邦控制，推导了算法，设计了工程实现的方法，针对一个过程控制系统，进行了仿真研究，并且论述了它的应用前景。结果表明，最优周期控制的品质优于定值控制，以及所给的有约束问题数值方法是有效的。

　　详见湖南大学 1988 级硕士研究生李志虎的学位论文《最优周期控制及其应用研究》。

控制系统的奇异之美

　　在控制数学中也有一种奇异控制问题，当最优控制问题的哈密尔顿函数对控制的二阶偏导数矩阵函数在全部或部分最优轨线上为奇异时，则为奇异最优问题。作者发现多变量系统的最优控制中，容易发生奇异问题。在多变量系统中，有多个状态变量和多个控制变量，在状态变量中只要状态变量不被所有控制变量控制，就会发生最优控制的奇异性。作者为了探寻这种令人惊艳的奇异问题的奥秘，研究了这类奇异问题解的存在性及其解法。作者在桂林阳朔的控制理论学术会议上宣读这个奇异问题的奥秘时，当时控制理论的权威学派认为奇异问题荒谬不可理解，作者虽然没有像发现无理数的希帕索斯被推下大海那样被推下漓江，却被权威赶下了讲台。

这可谓奇异问题中的奇异遭遇！

掌握真理的人有时是少数派，而只要是真理，就像无理数一样——发现无理数的希帕索斯虽被推下大海，但是无理数和一切真理是不会被淹没的。

虽然在桂林阳朔会议上奇异控制问题被否定，但是真理是不会被淹没的。后来这类奇异控制问题论文为世界信息处理大会所接受，以后又发表在《科学探索学报》和《自动化学报》（童调生，1984，1988）。

"千人之诺诺，不如一士之谔谔"，现在回想起来，仍然唏嘘不已。

"精确兮，模糊所伏；模糊兮，精确所依"，艺术与科学的朦胧之美

小时你可曾想过，天外是什么？老人说天外还是天。长大了才知道，宏观世界无限大，大得一片茫然，没有不能再大的大。

小时你可曾问过，沙粒里面是什么？老人说，沙粒里面还是沙。长大了才知道，微观世界无限小，小得一片朦胧，没有不能再小的小。

如果没有茫然，大海也会凝固；如果没有朦胧，宇宙就成真空。

有了茫茫然然，于是想象超越了现实；有了朦朦胧胧，于是科学生出了诗意。

有了茫茫然然，朦朦胧胧，于是诗人成了哲学家，吟唱又回响：

"路漫漫其修远兮，吾将上下而求索！"

"无极之极，漭弥非垠。"

"无中无旁，乌际乎天则？"

"东西南北，其极无方。"

"夫何鸿洞，而课校修长？"

"茫忽不准，孰衍孰穷！"

"精确兮，模糊所伏；模糊兮，精确所依"应用在美学中就是朦胧之美。

无论科学或艺术，绝对精确是不存在的，科学和艺术都有一定的模糊性，这种模糊性就形成了科学和艺术作品中的朦胧之美。艺术作品有朦胧之美，这是不成问题的；科学中有朦胧之美，有人不以为然。我们以最严格的欧几里得几何为例，开宗明义的公设中的第五公设就有朦胧之美，令许多大数学家为之倾倒！

科学的目的是发现真理，而科学中的绝对真理是不存在的。自然界的奥秘就是人类永远想揭开自然界的朦胧之美的面纱。

从美学观点看，朦胧美中带有抽象性，抽象美中带有朦胧性。所以本文针对科学和艺术提出一种"朦胧—抽象"的美学概念。

"朦胧—抽象"本身具有模糊的性质，抽象和具象互为反义词，如果设具象为1，抽象为0，则模糊—抽象的模糊隶属度函数在（0，1）间取值。从美学角度看，一件科学或艺术作品的朦胧—抽象的模糊隶属度愈接近于1，这件作品就愈具象；愈接近0，则愈抽象。所以本文提出的朦胧—抽象及其隶属度在美学中具有广泛的意义，其特征是用隐含的形式来表现某种美的真意，只有通过想象和意会才能了解其中的真意而获得审美的享受。用数学的语言讲，朦胧—抽象之美是"隐函数"，要经过"推导""演算"才能得到其真值。

一、艺术中的朦胧—抽象之美

具有朦胧—抽象美的典型艺术就是中国画。中国画讲究神似而不刻意追求形似，其中尤以写意山水画最为典型。

清代著名山水画画家石涛的一幅山水画，其中的近山的形状接近具象的表达，他用大的色块和粗犷的线条体现了画家主观的意向而带有抽象性元素，画中山的具象性中含有抽象元素，抽象性中含有具象元素。而画中的水几乎是一片空白，完全是抽象的，可以想象这片空白是风平浪静、碧波荡漾的海面，也可以想象是汹涌澎湃的海洋。所以抽象性体现的真意有时不是唯一的而是多意性的。整幅画则体现了一种朦胧抽象之美。

　　台湾地区著名山水画画家冯宪民的山水画作品把中国山水画朦胧抽象之美发挥到了极致。

　　中国山水画里大量留白的画法给人以无限想象的空间，犹如神游其中，这就是朦胧抽象性之美妙。

　　抽象艺术之美是抽象的美，要靠欣赏者自己去想象理解。它没有用艺术作品反映客观现实的意图，而只求通过艺术来抒发某种主观情绪、精神意境。

　　我的抽象画第1～3号就是尝试运用色彩模拟中国画水墨的自由挥洒，使色彩自由交汇和相互融合激荡产生不确定性的画面特性，又展现出空间层次，从而创造出不求形似，从无象中读出有象的审美意趣。

抽象画1号——天女散花

45

抽象画 2 号——蝶恋花

抽象画 3 号——谁持彩练当空舞①

_____

① 以上 3 幅图均登载于《文艺生活》2019 年第 9 期。

46

　　艺术作品中的抽象画以一种色调、构图的体裁风格来表现绘画艺术本身的形式美，没有实质性的内容，往往只能用某一序数标明该作品，而无法使用文字标题。

　　现代的雕塑也有很多是抽象的。上海人民英雄纪念塔是抽象的雕塑，这座抽象的雕塑意味深长，可以想象成三支架起的步枪，意味着上海早期的武装斗争、解放战争、曙光降临以及和平时代的开启。作者于2007年从不同角度摄影而赋予了这座抽象雕塑不同的意义并分别加上了标题：枪杆子里面出政权、曙光、解放、孕。

抽象雕塑摄影之———枪杆子里面出政权

抽象雕塑摄影之二——曙光

抽象雕塑摄影之三——解放

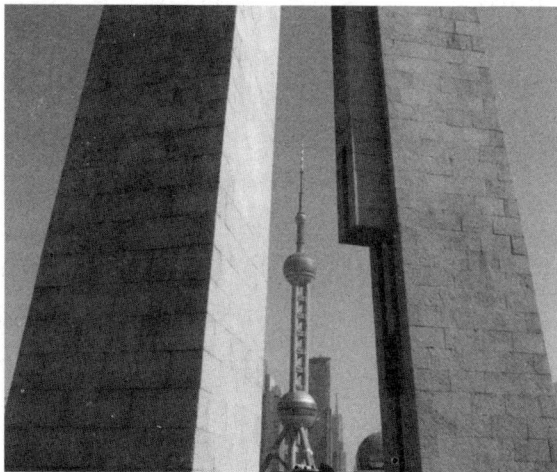

抽象雕塑摄影之四——孕

　　音乐也具有朦胧—抽象之美，音乐中的歌曲和有标题的乐曲都有具体的音乐形象。德国作曲家舒曼的《梦幻曲》是组曲《童年情景》中的一首乐曲，用小提琴演奏时，它的旋律如一阵阵轻轻上升的气流把听者带进童年的梦幻中，这种旋律让人在心头发生共鸣，使人沉醉，又有惜别童年的淡淡哀伤，这种美感带人进入如梦如幻的朦胧之境。

　　标题音乐有描绘型如唢呐独奏曲《百鸟朝凤》，有抒情型如笛子独奏曲《喜相逢》，有叙事型和寓意型等。阿炳的《二泉映月》是对自己坎坷身世的倾诉，《梁祝》小提琴协奏曲、《黄河》钢琴协奏曲每一个乐章都有具体的音乐形象。然而这些标题音乐无论对于作曲者还是欣赏者，对这些音乐形象的建立还是要通过想象来完成它。所以即使有标题音乐也有其抽象性，并不像视觉艺术那样直观。

　　无标题音乐又称纯音乐，是一种完全抽象的艺术，它的美是抽象的美，要靠欣赏者自己去想象理解。它没有用音乐来反映客观现实的意图，而只求通过音乐艺术来抒发某种主观情绪、精神意境；有些无标题音乐则是以一种调性的体裁风格来表现音乐艺术本身的音响美和形式美，没有实质性的内容，往往只能用某一序数或某一种调性调式来标明该乐曲，而无法使用文字标题。18世纪和19世纪欧洲作曲家莫扎特、贝多芬、勃拉姆斯等作曲家所作的奏鸣曲、交响曲多是无标题音乐。

民族音乐中有些民间乐曲是无标题的，音乐表现较为质朴、自然、直观，也较为接近音乐的真义。这些乐曲不带有写景、抒情、叙事、寓意诸方面的标题化提示，以纯音乐的方式作用于人的听觉，对于平衡心志、陶冶性情，有其内在的、深远的、细微的艺术效应。《中花六板》是江南丝竹乐中的八大名曲之一，源于民间，历史久远，虽曾被前人标名为《熏风曲》，但是这一名称并不具有标题化功能，而是一首典型的非标题性民间器乐曲。

京剧开场锣鼓是为了调动剧场的气氛。歌曲《忐忑》和展示声乐技巧的"海豚音"，都属于无标题音乐。

在标题音乐和无标题音乐之间还有一种印象主义音乐，它深受印象主义美术的影响。其代表作品《大海》，由德彪西创作，是一部包括三首交响速写的组曲，其中并没有确定的画面和故事，也没有描写海的图景。有人说，这是没有海景的海的音乐，因为音乐仅表示作曲家对海本身的主观反映。

二、自然科学中的朦胧—抽象之美

"精确兮，模糊所伏；模糊兮，精确所依"，这就是哲学和科学中的具有朦胧—抽象性美妙的辩证法。在人类认识发展的历史长河中，是没有终极真理的，哲学中的唯象论就是认识相对真理的理论。自然界有很多模糊的、随机的、混沌的现象或过程，相应地有模糊数学、概率论数理统计、随机过程、非线性理论等数学方法来认识和处理它们，使这些现象和过程趋于精确化，然而永远也达不到终极。

无理数、无限不循环小数，就是一个简单的例子。圆周率、自然对数的底、黄金分割点、音乐中的十二平均律……可以无限计算下去却永远没有终极的结果。令人惊异的是，这种无理数对人类科学文化历史的发展却起着举足轻重的作用，可以毫不夸张地说，没有这些无理数就没有今天的人类文明。

无理数

小小数点无穷尽，

π上用场算圆形，

对数卧底伏小 e，

十二均律奏乐音，

道是无理却有理，

优美线段点黄金。

科学有唯象和抽象性的特点，抽象性是从一般自然或社会中提取出来的带有普遍性的规律、理论框架，也可以是科学家演绎出来的一种理论。

欧几里得几何中的第五公设：过平面上一根直线外的一点，有且仅有一条直线与该直线不相交。很多数学家不承认这是公设，力图证明这第五公设，但都没有证出来，最终证明的结论是第五公设无法证明。于是俄罗斯数学家罗巴切夫斯基改变了第五公设，过平面上一根直线外的一点，有多条直线与该直线不相交。从而演绎出一套罗巴切夫斯基的非欧几何。后来，德国数学家黎曼也改变了第五公设：过平面上一根直线外的一点，没有任何直线与该直线不相交。于是演绎出一套黎曼的非欧几何。

非欧几何

第五公设施魔法，

数学狂人奈何它，

罗氏黎曼耍花招，

开出非欧几何花。

　　超弦理论的基本观点是，自然界的基本单元不是电子、光子、中微子和夸克之类的点状粒子，而是很小很小的线状的"弦"，弦的不同振动和运动就产生出各种不同的基本粒子。弦论可能是将自然界的基本粒子和四种相互作用力以及相对论和量子力学统一起来的理论。

超弦

屈原《天问》越千年，

牛顿力学成经典，

相对量子探天微，

超弦超炫永超玄?!

　　注：屈原所作长诗《天问》，主要是探索宇宙的问题。"相对量子"指相对论和量子力学，"天微"指宏观宇宙和微观粒子世界，"超弦"指近代物理中的超弦理论。

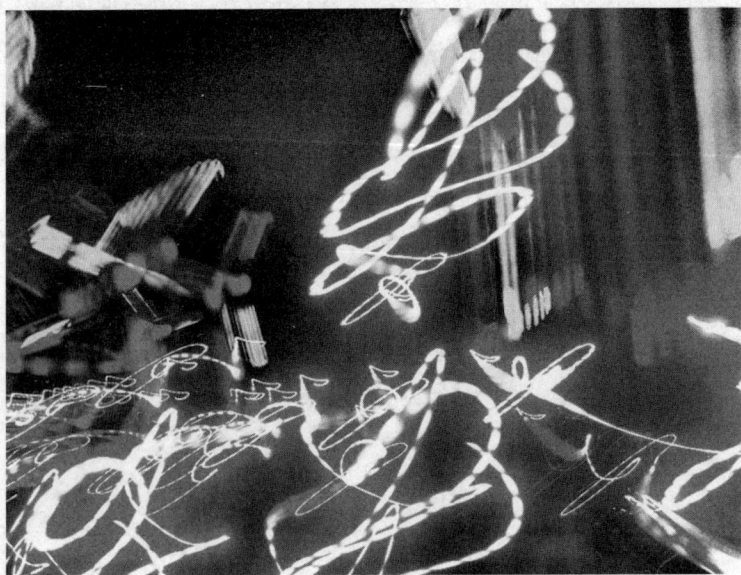

模拟图　超弦理论世界

　　很多研究科学与艺术之共性的文献研究了诸如牛顿力学、麦克斯韦方程组、爱因斯坦相对论的简洁性之美。这些理论是从宇宙万物中抽象出来的一种自然的规律，它们的简洁之美正在于它们高度的抽象性。

　　我们惊叹这些科学理论是人间无比精美的、最动人心魄的、超玄的抽象艺术品！

书法和音乐的美学比较

艺术领域中，不同的艺术门类有其相通之处和共性，例如，书法、音乐、美术、诗词、舞蹈、建筑相互之间都有共性和可比性。本文从美学的角度对书法和音乐进行了分析与比较。

在分析书法的空间和时间性的基础上提出了书法的四维时空性；论述了书法和音乐的动态美；给出了音乐旋律线的一种作图方法；与音乐类比，提出了大书（书法）和小书（书法）、标题书法和无标题书法的概念，这对于发展近年出现的音乐书法是有意义的；在音乐书法和舞蹈书法的基础上，提出更为广义的舞乐书法的名称。

一、引言

从古至今，大量的诗词都有相应的书法和音乐作品，例如，岳飞的词《满江红》的书法和音乐作品早已广为流传，李煜和苏东坡的很多诗词的书法和音乐都是脍炙人口的作品，毛泽东诗词的书法和音乐作品也已经成为经典。在战争中用书法和音乐表达决心和鼓舞士气的例子比比皆是。这有力地印证了书法和音乐虽然是完全不同的艺术形式，但是它们在艺术表现和欣赏方面有很多共性，甚至有同样的功能，它们都是抽象表现性艺术。

有趣的是周杰伦用音乐演绎了王羲之的书法《兰亭序》，虽然歌词并不是使用《兰亭序》的原词，但它们表达着类似的情感。

宋朝的书法家雷简夫因听嘉陵江的涛声而引起书写的灵感："余偶昼卧，闻江涨暴声，想波涛翻翻，迅驶掀风，高下蹴逐去之状，无物可寄其情，遽起作书，则心中所想尽在笔下矣。"这是自然界的音乐所引发的书写的灵感。

进入 21 世纪，中国书法家李斌权创造了一种新的书法门类——音乐书法，在音乐的伴奏下进行书法表演。2011 年 5 月，李斌权参加维也纳皇宫举办的"书法音乐会"，他的精彩表演让在场的观众惊叹不已；2012 年 1 月在北京剧院举办的"新年书法音乐会"上，他和奥地利雷哈尔交响乐团一起表演了《沁园春·雪》《月下独酌》《饮酒》等音乐书法；2013 年在北京举办了一次盛大的书法交响音乐会，欧阳中石等多名著名书法家在恢宏的交响乐曲的伴奏中书写毛泽东各个历史时期的诗词。音乐书法不仅很好地诠释了古典诗词的意境，而且演绎了音乐的旋律。从民族器乐曲到交响乐曲，从美声歌曲到流行歌曲，皆可以在音乐书法中找到落脚点（李斌权，2012；中国新闻网，2013；宋民，1989）。

从美学的角度看，书法是线条（点、面是线条的特殊情况）的艺术，而音乐的核心是旋律，如果把其中的乐音的高低随时间的变化曲线画在纸上，用曲线的粗细浓淡表示乐音的强弱力度，就可以看到时而昂首阔步、时而缠绵徘徊、时而粗犷、时而淡雅，透着书法美的旋律曲线。所以书法和音乐在美学上有很多共性。

二、书法的四维时空性

书法无论在创作的过程中还是在欣赏的过程中，都从作品的第一个字第一笔开始循序渐进到最后一个字最后一笔，情绪随着这一过程起伏变化；音乐也一样从作曲、演奏到欣赏都是从乐曲的第一个音符顺序递进到最后一个音符，情绪随着这一过程起伏变化。这一过程对于书法和音乐的创作和欣赏都一样是极其重要而不可忽略的，所以从创作和欣赏的角度看，书法和音乐都具有时序性的特点。

从物理学我们知道，速度的变化构成动态过程。艺术的动态以及由此而产生的动感美也与此类似。

乐音的高低强弱、持续时间、速度、力度等物理量的变化是构成音乐的节拍、节奏和旋律的基本元素，也是构成音乐艺术动感美的基本元素。钢琴协奏曲《黄河》的第一乐章《黄河船夫曲》是最具动感的乐曲，引子以"神虬腾霄的气势，旋风骤雨"的动态揭开战斗的序幕，快速上下交替转换的半音阶，反复铿锵的船工号子，"划哟，冲上前！"的音乐语言；紧接着由钢琴急骤的琶音掀起了滚滚巨浪，激流汹涌澎湃，船工们同狂风巨浪顽强拼搏；继而推出了钢琴的华彩乐段，船工们冲过了激流险滩进入黄河母亲的怀抱，这时，出现了短暂的较为平缓抒情的旋律，仿佛曙光在望；然而峰回路转，黄河母亲再次发出战斗的号角，在钢琴有力急速的跑句中，回到急速撞击的主题。全曲再现了中华民族与惊涛骇浪搏斗的情景。

书法书写运笔的速度和力度、线条的长度回旋和浓淡粗细、字体的大小结构等物理量和几何量的变化构成了书法的节奏和气势，也是构成书法艺术动感美的要素。《历代名家书法经典王羲之兰亭序》中评《兰亭序》书法的动态美："结体欹侧多姿，错落有致，千变万化，曲尽其态。运笔以中锋立骨，侧笔取妍，有时藏蕴含蓄，有时锋芒毕露。尤其是章法，从头至尾，笔意顾盼，朝向偃仰，风神潇洒。"董其昌评："其字皆映带而生，或大或小，随手所出，皆入法则，所以为神品也。"而张旭草书的动感美竟为狂，著名书法家丁文隽赞张旭的草书《古诗四帖》是"神虬腾霄的气势、旋风骤雨的动态、夏云出岫的变幻、奔蛇走虺的线条、回转圆环的体势"。卫夫人的《笔阵图》云："点如高山坠石，横如千里阵云，竖如万岁枯藤。"卫夫人在教授王羲之书法时，带王羲之到深山之中，体验风云变幻之势，故对书者和欣赏者而言，书法是极富动感的动态艺术。既然是高山坠石、千里阵云，从书法运笔的动态过程看，就不是平面二维的，而是空间三维，再考虑到时间，可以得出结论：在动态过程中，书法是四维时空的动态艺术。故书法有"笔走龙蛇"之说。尤其当前在书坛上出现的音乐书法的表演就是动态过程。无论传统书法还是音乐书法，静态可视为四维时空中的特殊情况。古人评论李斯的书法艺术："画如铁石，字若飞动。其势飞腾，其形端俨。"这是说明书法艺术是静中有动，动中有静。这也是书法艺术不同于其他艺术的特点。

三、书法和音乐的情感表达方式的探讨

音乐书法是 21 世纪出现的一种新的书法门类，是在音乐的伴奏下写书法的表演艺术，所以进一步研究书法和音乐在表达方式方面的对应关系，对于音乐和书法的和谐配合有重要的意义。

中国书法是在白纸上画出的优美舞动的曲线，音乐是在空间中演奏演唱出的动听的和声旋律；书法书写的疾缓、快慢、轻重、疏密、大小、浓淡和力度表现了书法的气、神、韵，音乐演奏演唱的节拍、速度、节奏、音区、音色和力度表现了音乐的气、神、韵。

音乐有大调小调之分，大调明快庄严，小调含蓄抒情。大调音乐如门德尔松的《结婚进行曲》、聂耳的《义勇军进行曲》，或庄严或气势磅礴；小调音乐如民族乐曲《春江花月夜》、俄罗斯民歌《喀秋莎》和《莫斯科郊外的晚上》，或秀美或含蓄。书法有大楷小楷、大草小草之分，大者大气，小者娟秀。大草如岳飞书写的《还我河山》、很多书者所写的《毛泽东诗词》大草、在黄山山崖上镌刻的巨大草书"江山如此多娇"，潇洒大气；小草如怀素的《小草千字文》、行书《兰亭序》，秀美婀娜多姿。为了显示这种书法风格的差异和特色，本文将其与音乐类比，称之为大书书法和小书书法（简称大书、小书）。这种大小书并不等同于大字小字，因为书法中字的大小有时是难以界定的。例如，《毛泽东诗词》的原作很多是书写在信笺上的，算不得大草书法，但是仍很大气，可称为大书；此外有的大草书法作品为了增强抑扬顿挫的节奏感经常也含有小草字。在音乐中也有类似的情况，有的乐曲也有大小调式的转换。

应该说明，本文提出的大书小书主要由作品表达的感情来确定，不像音乐的大小调式有比较严格的规律可循。

这种分类方法在音乐书法中是有其意义的，显然大书适于大调音乐伴奏，小书适于小调音乐伴奏。

四、音乐、书法的抽象性和标题分类的探讨

唐朝的书法家张怀瓘在《书断》中说书法乃"无声之音，无形之相"，所谓"无形之相"即抽象之意。中国的文字虽然从象形文字演化而来，但已经脱离了象形的功能，所以书法乃无形之相，是用抽象的线条进行创作和表现的；与书法类比，音乐可谓"无形之书，无形之相"，音乐是用抽象的和声旋律进行创作和表现的。书法与音乐都是抽象的艺术。

虽然书法和音乐是抽象的艺术，但有表现客观和主观世界的功能，可以抒情、写意、叙事、绘景。于是有人认为"音乐是流动的线条，书法是凝固的旋律"。

书法不仅是表现性的艺术，同时也是再现文字内涵的再现性艺术。但是音乐除了歌曲，所有的器乐曲都是没有歌词文字的，有的歌曲去掉歌词，也可以作成器乐曲。如《蓝色多瑙河》的管弦乐和钢琴曲、《黄河》钢琴协奏曲、《满江红》国乐等著名乐曲是由相应的歌曲去掉歌词演化来的，所以音乐对所要加工的素材需要更高度的抽象。

音乐根据其抽象性有标题音乐和无标题音乐之分。

大部分声乐曲是典型的标题音乐，如《满江红》。还有很多器乐曲，虽然没有歌词，但有一定的写实性，有具体的音乐形象，所以也可以是标题音乐。德国作曲家舒曼的《梦幻曲》是组曲《童年情景》中的一首乐曲，用小提琴演奏时，它的旋律如一阵阵轻轻上升的气流把听者带进童年的梦幻中，这种旋律让人在心头产生共鸣，使人沉醉，又有惜别童年的淡淡哀伤，带人进入如梦如幻的朦胧之境。

　　民族标题音乐有描绘型如唢呐独奏曲《百鸟朝凤》，有抒情型如笛子独奏曲《喜相逢》，阿炳的《二泉映月》是对自己坎坷身世的倾诉，《梁祝》小提琴协奏曲、《黄河》钢琴协奏曲每一个乐章都有具体的音乐形象。然而这些标题音乐无论对于作曲者还是欣赏者，对这些音乐形象的建立还是要通过想象来完成它。所以即使标题音乐也有其抽象性，并不像视觉艺术那样直观。

　　与音乐相比，有一类文字作品的目的就是叙事、写景与抒情，这些作品的初衷并不是作为书法作品书写的，然而它们却有极高的书法艺术价值。古代并没有职业的书法家，王羲之是右军将军，怀素是和尚，苏轼则担任过多种官职，李世民是皇帝；近代于右任、毛泽东也都不是职业书法家。但由于他们在书法上登峰造极或达到一定的高度，后人才把他们的作品作为书法作品，并称他们为书法家。王羲之的作品《兰亭序》是与友人在兰亭相聚时写的一篇散文，其中有叙事、写景与抒情；怀素的作品除《四十二章经》为经文外，还有《自叙帖》《食鱼帖》《北亭草笔》等，或抒情，或叙事，或写景。岳飞的《还我河山》，虽短短四字却意味深长，抒发了岳飞抗战的决心和必胜的信心；诸葛亮的《前出师表》恳切地表述了对后主刘禅治国的期望、出师北伐的决心和壮怀，写出了诸葛亮的一片忠诚之心。从古至今书写诸葛亮《前出师表》的已不计其数，战将岳飞的作品也被写过很多次。尤其在抗日战争时期，社会各界许多书者书写《前出师表》和《满江红》，都是有感于诸葛亮和岳飞的赤诚，表达出师抗战决心和血战日寇的悲愤心情。这类书法艺术与文字的内涵是密不可分、相得益彰的。与标题音乐类比，本文认为可以把这类书法称为"标题书法"，大多数书法作品是标题书法。

　　在音乐中还有一类无标题音乐，又称纯音乐，是一种更为抽象的音乐，它的美是抽象的美，要靠欣赏者自己去想象理解。无标题音乐是以一种调性的体裁风格来表现音乐艺术本身的音响美和形式美，没有实质性的内容，没有用音乐来反映客观现实的意图，而只求通过音乐艺术来抒发某种主观感情和内心世界，往往只能用某一序数或某一种调性调式来标明该乐曲，而无法使用文字标题。18 和 19 世纪欧洲作曲家莫扎特、贝多芬、勃拉姆斯等所作的奏鸣曲、交响曲多是无标题音乐。

民族音乐中有些民间乐曲也是无标题的，音乐表现较为质朴、自然、直观，也较为接近音乐的真义，这些乐曲不带有写景、抒情、叙事、寓意诸方面的标题化提示，以纯音乐的方式作用于人的听觉，对于平衡心志、陶冶性情，有其内在的艺术效应。《中花六板》是江南丝竹乐中的八大名曲之一，源于民间，历史久远，是一首典型的非标题民间器乐曲（李德胜，2002）。

京剧开场锣鼓是为了调动剧场的气氛。近期出现的歌曲《忐忑》和展示声乐技巧的"海豚音"，都属于无标题音乐。

与音乐相类比，在书法中有的书法作品的目的就是表现书法本身的形式美，例如，很多书法家写一个"龙"字、一个"虎"字、一个"舞"字、以多个不同的书体写出的"寿"字等；还有各种书法的临帖、字典，其中草书字典的每个字都给出多个名家字体的写法，虽然这是一些工具书，但是它们也有很高的艺术和欣赏价值。20 世纪 80 年代出现的舞蹈书法，有的已经完全脱离了汉字，而是用人体的线条表现书法的律动和抽象之美，其中书写的内容则无关紧要。与音乐类比，本文认为可以把这类书法作品称为"无标题书法"。无标题书法是纯书法，它没有用书法来反映客观现实的意图，而仅仅以书体风格来表现书法艺术本身的形式美，或者只求通过书法艺术来抒发某种主观情绪、精神意境。

怀素书写的《千字文》《大草千字文》《小草千字文》，明代的韩道亨书写的《草诀百韵歌》、于右任的《草字歌》等，它们的主要目的也是表现书法的形式之美，其文字的内容则是次要的。

西班牙籍大画家毕加索说："我要用中国书法来绘画。"而毕加索是不懂汉字的，可以期望这会是一种脱离汉字的更为抽象的中国书法，这也将是一种无标题书法。

正因为音乐具有抽象之美，所以它是超越了国界的。当帕瓦罗蒂用意大利语唱起《我的太阳》时，作为不懂意大利语的中国人也会被歌曲热情的旋律所感染，欧洲人听中国的小提琴协奏曲《梁祝》也会进入委婉缠绵的境界。

中国书法也超越了中国的国界，超越了认识汉字的人群。对于不识汉字的人群而言，他们欣赏中国书法之美，完全是欣赏它的形式美，纯粹抽象之美，就如人们欣赏无标题音乐一样。不识汉字的人群看到怀素的《自叙帖》也一样会被其"飘风骤雨惊飒飒，落花飞雪何茫茫"的飘逸所倾倒；看到毛泽东的《沁园春·雪》，也会被其恢宏气势所震撼；看到王羲之的《兰亭序》，一样能欣赏其气脉顺畅、变化微妙、千姿百态、婀娜多姿之美，如欣赏一段华美的乐章一样为其陶醉。外国人欣赏书法，有一个很有趣的故事：1956年，张大千到巴黎举办画展与毕加索进行交流，毕加索讲了一句惊人之语——"如果我是中国人，我不会当画家，我要做书法家"。在毕加索的心目中，显然，中国书法的抽象之美已经超过了他的抽象画之美。这样一个世界级的伟大画家竟然要放弃作画而学中国书法，可见中国书法对于不懂汉字的外国人同样有着巨大的魅力。

中国书法对世界美学的影响不仅停留在欣赏的层面，对其发展也起到了重要的推动作用。

五、音乐书法与舞乐书法

由以上类比可见，书法和音乐是艺术领域中的一对孪生子。而舞蹈与音乐是一体的，书、舞、乐则是相通的。以书法为主，舞蹈和音乐相伴的一种书法表演艺术也应运而生，本文把这种表演书法艺术命名为"舞乐书法"，它是书法领域中更具有观赏性的表演艺术。其实在音乐书法和舞乐书法诞生以前，古人就论述过音乐和舞蹈可以启发书法创作的灵感，杜甫《观公孙大娘弟子舞剑器行》述评张旭观公孙大娘舞剑而悟书法，而米芾《海岳书评》："怀素如壮士拔剑，神采动人，而回旋进退，莫不中节。"可见书法中有音乐和舞蹈的灵动。可谓音乐乃旋律之舞，书法乃墨韵之舞。

童话书

作品于 2014 年荣获全国第二届"中国梦想杯"书画大赛铜奖

自由与理性

　　"路漫漫其修远兮，吾将上下而求索。"这是人类对大自然奥秘的探索，对人类社会发展的探索，对真理的探索。真理的探索是一个自由的认识过程，这就是人类"不断地从必然王国向自由王国发展的历史。这个历史永远不会完结"。所以自由成为社会主义的核心价值观之一是有其重要的哲学依据的。

　　中国共产党为了保证对真理的自由探索早在 1956 年就提出了"百花齐放，百家争鸣"，这是党发展和繁荣文学艺术的方针政策，也是发展繁荣一切学术的方针政策。这个方针政策对保障科学的发展和繁荣的意义更加重大。

　　爱因斯坦在《自由与科学》的文章中对于真理的自由探索做了具体的论述：

　　"科学进步的先决条件是具有不受限制地交换一切结果和意见的可能性——在一切脑力劳动领域里的言论自由和教学自由。我所理解的自由是这样的一种社会条件：一个人不会因为他发表了关于知识的一般和特殊问题的意见和主张而遭受到危险或者严重的损害。这种交换的自由是发展和推广科学知识所不可缺少的，这件事有很大的实际意义。首先它必须由法律来保障。但单单靠法律还不能保证发表的自由，为了使每个人都能表达他的观点而没有不利的后果，在全体人民中必须有一种宽容的精神。"

　　此外，爱因斯坦还论述了发展科学非常重要的内心自由：

　　"科学的发展以及一般的创造性精神活动的发展还需要另一种自由，这可以称为内心的自由。这种精神上的自由在于思想上不受权威和社会偏见的束缚，也不受一般违背哲理的常规和习惯的束缚。这种内心的自由是大自然难得赋予的一种礼物，也是值得个人追求的一个目标。但社会也能做很多事来促使它实现，至少不该去干涉它的发展。比如，一方面，学校可以通过权威的影响和强加给青年过重的精神负担来干涉内心自由的发展；而另一方面，学校也可以由鼓励独立思考来支持这种自由。只有不断地、自觉地争取外在的自由和内心的自由，精神上的发展和完善才有可能实现，由此，人类的物质生活和精神生活才有可能得到改进。"（选自《纪念爱因斯坦译文集》，赵中立、许良英编译）

中国古代的儒家和道家对外在自由和内心自由都有精辟的论述。孟子提出"民为贵，社稷次之，君为轻"，虽然这是从政治的角度提出民本主义的思想，但是这个论述对于保障和发扬社会的民主，包括学术的民主自由和科学发展都有重要的意义。黄老的政治理念"无为而治""无为而无不为"，意为君主无为，给予人民充分的民主自由；而大众有为，每个人都有"各尽所能"的自由。

在科学真理探索的道路上，自由和理性是矛盾的统一体。在科学研究中，提倡"大胆地假设，小心地求证"。大胆需要自由，小心意味着理性，大胆假设要有自由的想象，小心求证则是理性建立真理大厦的过程。从人类文明发展的科学史上看，数学猜想及其证明就是自由和理性交互发展的体现。

在中国古代，勾股定理的发展是一个漫长的过程，公元前11世纪商高提出"勾三股四弦五"，这是对一种特殊的直角三角形边长的未加证明的猜想，算不上一般性的定理；公元前7世纪陈子在测日中提出"勾股各自乘，并而开方除之得邪"，虽然它的正确性在很多事件的实践中得到了验证，但未经过逻辑演绎的证明；该定理的证明是在公元3世纪由赵爽完成的。勾股定理从陈子提出猜想到赵爽完成证明整整用了1000年的时间，体现了中国古代数学家的大胆猜想和对理性世界的顽强追求。

只有具备了内心自由的人，才可能进入理性的世界。内心自由体现为对功利的超越和自我的超越，中国古代有很多精彩的论述。

荀子的"重己役物"和庄子的"物物而不物于物"，概括了儒道的"超越"思想和"超越"精神。他们认为人应该正确地对待自己的功利追求，"重己役物"，在个人自由和物质利益二者之间，个人自由是第一位的，有了个人内心的自由才能驾驭客观物质世界；"物物而不物于物"，基本上也是这个意思，驾驭物质，而不为物质所驾驭。总而言之，要成为一个内心自由的人，有独立的人格、自由的精神，而不为物质利益所驱使，这是人生的哲理和智慧。在物欲横流的社会中，人们很容易陷于"为物所役"，成为物质功利的"心奴"，这种以贪求物质功利（外物）为人生价值目标的生活方式，荀子称为"役于物"，庄子称为"物于物"，也就是人为物所使役、支配，成为物质功利的精神奴隶，丧失了主体的人格自由。官场中的贪官是"为物所役"，工商界的欺诈是"为物所役"，学术界的各种学术不端也是"为物所役"。"重己役物""物物而不物于物"的"超越"思想，对于现代人摆脱因被物质主义、拜金主义、享乐主义所役而陷于的精神桎梏会是一种重要的人生启迪。荀子说："志意修则骄富贵，道义重则轻王公，内省而外物轻矣。传曰：'君子役物，小人役于物。'此之谓矣。"（《荀子·修身》），修炼意志，重道义，才能成为有独立人格并追求真理和自由的人。

居里夫人和爱因斯坦都入了科学之情

居里夫人和爱因斯坦不仅在科学上为人类做出了巨大贡献，他们的人格魅力、追求科学真理之美的童心也是令人钦佩的。他们应该成为当今学术界尤其是青年人学习的楷模。

居里夫人在科学研究的过程中经常用自己的工资购买仪器设备和材料，所以她的家庭经济条件是很差的，但她甘于这种清贫，把两次获得诺贝尔奖的奖金都捐献给了慈善事业。发现放射性元素的研究过程耗费了他们毕生的精力、财力，甚至健康。有一次居里先生向她建议："我们是否可以把我们提取镭的研究成果申报专利？"居里夫人回答说："我们应该把研究的成果全部无偿地奉献给人类。"所以他们从来都没有申请过专利。由于她在科学上的巨大贡献，英国授予她皇家勋章，她回家以后，就把这个勋章随意地给了她幼小的女儿玩耍。当有人看到，感到很惊异时，居里夫人说："我要让我的女儿从小把荣誉看得像玩具一样。"然而，她对祖国的荣誉却是很重视的。在她发现的元素中，有一个被她命名为"钋"，这是为了把这崇高的荣誉给她的祖国——波兰。

居里夫人献身于科学事业毫无个人名利的动机，她的目的就是追求科学真理，"科学的伟大之美"！

爱因斯坦和居里夫人一样具有这种崇高的科学精神。当他到普林斯顿大学任教时，校方要给他一万二千美元的工资，然而他说只要三千美元就够了。他临终前留下遗嘱，要把他埋葬在一个无人知晓的地方，不要再有人去瞻仰，他要安安静静地在那里求得永生。

从科学发展的历史来看，凡是在科学上有大成就、大创造的人都是淡泊名利、内心自由且超越自我的人。

伽利略为坚持日心说而身陷囹圄；布鲁诺，当行刑的烈火在身下燃起时，仍高呼地球正在围绕太阳转；数学家佩雷尔曼斯破解了庞加莱猜想，竟然对颁发给他的数学领域的最高奖菲尔兹奖无动于衷而没有去认领；陈独秀数度入狱，他"前脚迈进监狱，后脚就进了研究室"，在监狱中他居然完成了很多学术著作；陈景润在遭受不公正批判的时期，仍然坚持研究哥德巴赫猜想，取得了该领域的重要突破；罗阳为试验舰载飞机而病逝在辽宁舰上，为了追求科学的真理，把生命都置之度外。

反之，那种纯粹为个人名利而进行的科学研究，将会走向伪科学、假科学和反科学的道路。这类的例子和教训已经足够多了。例如，毒奶粉三鹿婴儿配方奶粉（河北省婴儿奶粉配方）还获得过国家科技进步奖。

前车之鉴

把自然科学意识形态化、政治化并不是什么新鲜的玩意儿，中国有，外国有；现代有，古代也有，其目的就是否定科学，制造伪科学，还造成了许多人间悲剧。让我们翻开自然科学发展的历史回顾一下。

在古希腊科学的历史上，毕达哥拉斯的学生希帕索斯发现了无理数。这是对毕达哥拉斯数学观念的一种质疑，更是对门阀观念的一种挑战。于是毕达哥拉斯学派把这场数学的质疑演化成了一种黑社会消灭异己的行为，希帕索斯被装进麻袋丢入海中。数学科学问题意识形态化引发了数学史上的第一场千年的危机。

在古代欧洲，哥白尼提出日心说是对罗马教廷所坚持的地心说的质疑，于是罗马教廷把这场科学的质疑演化成了一种宗教信仰的反叛问题，凡坚持日心说的科学家或被处死，或被监禁。这场自然科学质疑被意识形态化，形成了欧洲中世纪一千多年的黑暗历史。

日食预报本来是一个自然科学问题，虽然中国古代天文学家们利用日食来检验计算数据的准确程度，但是古代帝王把日食这种自然现象迷信化为上天的警示。例如，《汉书》记载汉文帝日食求言昭："天生民，为之置君以养治之。人主不德，布政不均，则天示之灾以戒不治。乃十一月晦，日有食之，灾孰大焉。……朕下不能治育群生，上以累三光之明天，其不德大矣。今，其悉思朕之过失，及知见之所不及，以启示告朕。"

皇帝视日食为上天的警示，于是对日食预报有这样的政典："先时者杀无赦，不及时者杀无赦。"日食预报成了一种为皇权政治服务的工具，但中国古代数理天文学对于日食预报的科学性并不会因此而改变。

中国古代还有一场很有名的把祖冲之创制的《大明历》意识形态化而被封禁的历史。

南北朝的祖冲之是中国古代具有批判和创新精神的天文学家和数学家。他在对长期天文学观察、总结和批判旧有历制计算缺陷的基础上，创制出一部新的历法，叫作《大明历》。这种历法测定的每一回归年（两年冬至点之间的时间）的天数，跟现代科学测定的只相差53秒；测定月亮环行一周的天数，跟现代科学测定的相差不到一秒，可见它的精确程度了。

公元462年，祖冲之请求孝武帝颁布新历，孝武帝召集以戴法兴为首的一批保守的大臣出来反对，认为祖冲之擅自改变古历，是离经叛道的行为。宋孝武帝凭着他至高无上的皇权封禁了祖冲之的《大明历》。

近代在苏联发生了一场自然科学政治化的运动。20世纪30年代，以李森科为首的"米丘林学派"把整个经典遗传学打成了"资产阶级伪科学"。遗传学研究机构土崩瓦解；其遗传学家被开除、被流放、被逮捕，苏联遗传学泰斗尼古拉·瓦维洛夫院士等更是被判死刑。本来在世界上处于领先地位的苏联遗传学被彻底批判，再无人从事这方面的研究。

瓦维洛夫怎样从科学之星走向死刑犯的，要先从他的生物学观点说起。瓦维洛夫认为遗传学是培育粮食作物新品种的一个重要基础。他于1920年在苏联，次年又在美国发表了一篇题为《遗传变异中的同源系定律》的文章。文中提出了有机物变化的规律，如同化学元素周期表一样，用带空格的并列的同系表格预言还存在着某些未被发现的植物。当瓦维洛夫结束发言后，整个大厅全体起立为其鼓掌。有的科学家赞誉瓦维洛夫是生物学界的门捷列夫。瓦维洛夫在美国做此报告，同样引起轰动。他的照片被印在报纸上，下面附带这样一句话："如果所有的俄罗斯人都像瓦维洛夫一样，我们应该和俄罗斯建立友好关系。"虽然当时以美国为首的西方国家还没有承认苏维埃俄国。

瓦维洛夫的"遗传变异同源系定律"和"栽培植物起源中心理论"与西方的孟德尔、摩尔根遗传定律一起建立了育种学的基础理论。1923年瓦维洛夫36岁，就当选为苏联科学院通信院士，1929年被选为全苏列宁农业科学院院长。

在苏联生物学界还有一个极力主张外部环境对植物进化作用的米丘林学派，其学术观点与孟德尔、摩尔根的生物遗传学派及瓦维洛夫学派是对立的。1935—1939年，米丘林学派的代表人物李森科把生物遗传学贴上"反动的""资产阶级的""唯心主义形而上学"的政治标签，斯大林轻信了李森科关于瓦维洛夫所坚持的基因遗传的学说与可以通过改造客观环境而改变事物的政治哲学是不相容的。于是李森科取代瓦维洛夫领导苏联生物学科的各项研究机构，瓦维洛夫担任的许多重要职务被解除，报纸上公开说他是"人民敌人的帮凶"。原本定于1938年在莫斯科召开的第七届"国际遗传学大会"由于苏联当局的阻挠被迫延期至1939年，最后改在英国爱丁堡召开，作为大会主席的瓦维洛夫也未被获准参加。1940年8月，瓦维洛夫在科学考察途中被秘密逮捕，1941年被宣判死刑，后改为20年徒刑。1943年1月26日，尼古拉·瓦维洛夫在监狱中去世，年仅55岁。

随着他的蒙难，当时苏联世界先进的实验室被关闭，数千名科学家离开遗传学和生物学领域。苏联的生物学遭此劫难后，便一蹶不振。到20世纪60年代中期苏联开始消除对生物学和遗传学的负面影响，而从20世纪40年代初期算起，整整四分之一世纪的时间，是世界信息科学和生物科学处于飞速发展的时期。随着分子生物学的发展，生物遗传学得到了有力的证明。然而苏联过去所拥有的生物遗传学基础已经损失殆尽，在新的生物技术面前，既缺乏理论储备，又没有实践经验，致使原来处于世界先进地位的苏联遗传学，在很长的历史时期在生物遗传学领域几乎空白，大大落后于世界生物学的发展。

　　回顾历史，把自然科学意识形态化、政治化，贴上政治的标签而否定它，制造了很多认识上的混乱。如果因为爱因斯坦的狭义相对论是制造核武器的基础，可以为帝国主义的核讹诈服务，而否定狭义相对论的科学性；因为阿基米德的浮力定律是制造军舰和潜水艇的基础，"二战"时德国的潜艇横行于大西洋，击沉许多盟军的运输船，而否定浮力定律的科学性；因为诺贝尔所发明的炸药可以用于制造恐怖袭击，而否定他的科学成果；因为电脑可用于算命诈骗，而否定它是计算机科学。按照这种逻辑，世界上自然科学就所剩无几了。

　　再回过头来看中国古代的日食预报，虽然它有为皇权政治服务的一面，但是我们不能因此而否定中国古代日食预报的科学性，其科学性取决于它研究的对象是客观自然界的规律——日食。而且在中国古代的天文学界还要运用日食来检验天文计算的数据，这也是日食预报的一个重要的科学功能。

　　让我们面对历史留下的前车之鉴反思吧！

数学的理性、魅力和启示

人类用感官感知客观世界，产生了对客观世界的感性认识，感性认识可能首先通过视觉认识物体的形状。我们看到天上的月亮和太阳，日常生活中的瓶盖子和表蒙子，或者偶然看到车轮子和动物的黑眼珠子，虽然这些都是不同的物体，但是发觉这些物体具有类似的形状，人们就把这种形状叫作圆形。这就是感性世界中的圆，是对圆形的感性认识。我们可以对感性认识的特点做如下的归纳：

感性认识是通过感觉器官对客观事物的片面的、现象的和外部联系的认识。感觉、知觉、表象等是感性认识的形式。感性认识是具象的，有局限性的。例如，以上的这些圆形的物体，从外形上看都有相似之处，但又都有差异；而相似在哪里，差异在哪里，又说不清楚，这就是感性认识的局限性。所以感性认识是认识过程中的低级阶段。要认识事物的全体、本质和内部联系，必须把感性认识上升为理性认识。其特点可以归纳如下：

理性认识是认识的高级阶段。在感性认识的基础上，把所获得的感觉材料，经过思考、分析，加以去粗取精、去伪存真、由此及彼、由表及里、由个别到一般、由具象到抽象的整理和改造，形成概念、判断、推理。理性认识是感性认识的质的飞跃，它反映事物的全体、本质和内部联系。

一、对圆的理性认识的发展

两千多年前，墨子（前468—前376）是这样认识圆并做出定义："圆，一中同长也。"这个定义里面的"中"就是圆心,"长"就是半径,"同长也"意味其轨迹就是圆即圆周。这就是对圆的抽象的几何学的认识,是由表象到本质的一个提升,由此形成理念世界中的圆。这种对于圆的认识是由感性认识到理性认识的质的飞跃。太阳、月亮、瓶盖子、表蒙子、车轮子、黑眼珠子是圆的,在有圆的定义以后才可能对它们进行测量,才发现对这些物体感性认识中的圆形都不是绝对的圆,而且从几何外形上看,它们有着长度不一样的半径。

此外,墨子对点、线、面、体等都给出了严格的数学的定义。

不要小看了圆的这个定义,两千多年以前墨子关于圆的理念是中国古代公理化科学思想发展的一个起点。数学以及一切科学的发展都有其连续性和逻辑性。有了这个定义以后,刘徽和祖冲之才能够在圆的定义的基础上,用割圆术计算出圆周率,推导出圆面积的计算公式。这是数学理性发展的一个起点,也是科学发展的一个起点。几乎所有的科学分支都不可能离开圆的定义、圆周率、圆周和圆面积的计算。如果没有这个圆的定义,科学的发展将难以想象。至于为什么中国古代的科学在这个起点上没有进化到现代的科学,这就是众说纷纭的"李约瑟难题"。

在古希腊也有对圆的理性认识,欧几里得(前330—前275)在其《几何原本》中给出了与墨子对圆的定义相类似的关于圆的公设"以任一点为圆心,任意长为半径,可作一圆"。但未有圆的定义前,圆心是什么?半径又是什么?

如果把墨子在几何学方面的成就孤立起来,就会认为它没有形成一个系统,没有多少学术上的意义,但如果没有墨子关于圆的定义,也就不可能有刘徽和祖冲之领先于世界的关于圆的面积计算公式的逻辑演绎推导和圆周率的计算。仅仅在瓶盖子是圆的、表蒙子是圆的这样一些感性认识的基础上是无法推导出关于圆的任何计算公式的。

二、墨子逻辑学

墨子的理性还表现在他对逻辑学方面的贡献，墨子的逻辑学源于辩学。

一个逻辑学体系可以起源于几何学，例如，亚里士多德的逻辑学体系；也可以起源于法学。一个逻辑学的体系无论起源于何种学科，只要这个逻辑体系是正确的、完整的，它就可以应用于任何领域。

墨子逻辑学体系中有"小故""大故"之逻辑：

小故"有之不必然，无之必不然"，这对应着事件发生的必要条件；大故"有之必然，无之必不然"，"有之必然"则对应着事件发生的充分条件。"有之必然""有之不必然""无之必不然"，这三者是有严格的区分的。例如，在微积分中，函数的一阶导数等于 0 是该函数极值的必要条件，即"有之不必然，无之必不然"，但这不是充分条件。二阶导数大于 0 或者小于 0 才是函数有极值"有之必然"的充分条件，所以还需要用二阶导数检验函数是否有极值。"小故""大故"所对应的必要条件和充分条件是变分法、最优化方法、最优控制等数学分支中重要的数学概念和逻辑推理的理论方法，也应用于代数方程、微分方程等数学分支中解的存在性和唯一性的重要数学概念和逻辑推理。"小故""大故"所对应的必要条件和充分条件在现代科学，如医学中也被广泛应用于重要推理诊断之中，例如，前列腺特异抗原是诊断前列腺癌的必要条件，但不是充分条件；对于任何疾病的诊断都需要严格掌握必要条件和充分条件的区分；在其他社会科学领域，例如，法学领域中也是重要的逻辑推理条件。由此可见，三者的严格区分有着重要的科学意义。墨子特别论述了这三者的概念、定义、逻辑学原理。

亚里士多德（前 384—前 322）形式逻辑体系源于古希腊的几何学，在这种几何学体系中，命题是否成立的逻辑演绎推理的逻辑起点给出的都是充分必要条件，逻辑演绎推理结果得到的也都是充分必要条件。例如，两个三角形角边角相等可以逻辑推演出两个三角形的全等，反之亦然。也就是说，两个三角形角边角相等是这两个三角形全等的充分必要条件。这就影响到亚里士多德的形式逻辑体系对于区别"必要""充分必要""充分"的不同逻辑推理问题的重视。

三、勾股定理——从感性到理性

中国古代数学家称直角三角形为勾股形,较短的直角边称为勾,另一直角边称为股,斜边称为弦,所以勾股定理也称为勾股弦定理。在公元前 1000 多年,据记载,商高(约前 1120)答周公曰:"故折矩,以为勾广三,股修四,径隅五。既方之,外半其一矩,环而共盘,得成三四五。两矩共长二十有五,是谓积矩。"这是一个三角形的三个边的三、四、五的表述。这种表述谈不上是定理,连经验公式都算不上,只不过是一种特殊直角三角形的三个边的数值比例关系表述而已,这仅仅是中国古人对直角三角形的一种感性认识。但是中国古代的数学对直角三角形的勾股弦三者的关系并没有停留在这种感性认识上,又经过了近三百年,中国古人对直角三角形三个边的关系提升到了理性的认识,从而提出来名副其实的具有理性构架的勾股定律。

在公元前 7 世纪至公元前 6 世纪,学者陈子给出了任意直角三角形的三边关系。据公元前 1 世纪成书的《周髀算经》记载,我国古代杰出的数学家陈子对太阳的高和远进行了测量,这就是人们所乐于称道的"陈子测日"。又据《周髀算经》记载,有一次荣方和陈子问答,陈子说:"若求邪至日者,以日下为勾,日高为股,勾股各自乘,并开方而除之,得邪至日者。"(古汉语"邪"也作"斜"解)就是说,将勾、股各平方后相加,再开方,就得到弦长。陈子的这段话,不仅解决了日远的计算问题,还最早表述了勾股定理。这充分证明,我国至迟在陈子所处年代,已经发现并运用了勾股定理:"勾股各自乘,并而开方除之,得邪。"

有史料记载的中国古代对于勾股定理的证明是三国时期的赵爽(182—250),这个史料记载的证明晚于古希腊的毕达哥拉斯的证明。

赵爽的《周髀算经注》是数学史上极有价值的文献。它记述了勾股定理的理论证明，将勾股定理表述为："勾股各自乘，并之，为弦实。开方除之，即弦。"证明方法叙述为："按弦图，又可以勾股相乘为朱实二，倍之为朱实四，以勾股之差自相乘为中黄实，加差实，亦成弦实。"他撰成《勾股圆方图说》，附录于《周髀算经》首章的注文中。《勾股图说》，短短五百多字，简练地总结了后汉时期勾股算术的辉煌成就。勾股定理和其他关于勾股弦的恒等式不仅获得了相当严格的证明，并且对二次方程解法提供了新的意见。

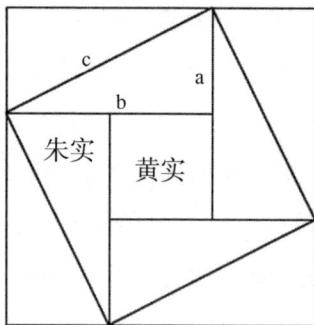

弦　图

勾股圆方图

以上就是中国历史上对直角三角形边长计算由三、四、五的感性认识到理性认识的提升，即中国古代勾股定理的理性的构建。

如果只知道中国古代的勾股定理就是三、四、五，而不了解以后陈子对勾股定律的表述以及赵爽对勾股定律的证明，这是对中国古代科学历史的一种片面的认识。

如果按照这种逻辑研究古代的数学史，世界上所有民族在古代都曾经有过结绳记事，按照这种割裂历史的逻辑，古代的数学史就只剩下结绳记事了。

世界上很多的国家在古代对勾股定理做出了各自的贡献，古希腊的毕达哥拉斯也提出了勾股定理并做出了证明，他提出勾股定理比中国的陈子晚，其证明却在先，所以在世界上勾股定理通常称作毕达哥拉斯定理这也在情理之中。

在我们的教科书中，把这个定理叫作勾股定理是客观的，也是科学的，而把这个定理叫作"商高定理"是不科学的，容易让人误解。

对待科学史，重要的是实事求是，而不应该感情用事。

四、从欧几里得几何看数学理性的发展

在人类历史上，第一个完善的公理化数学体系是欧几里得的几何学。它以几何图形概念的定义、公理和公设为起点通过逻辑演绎证明了几何学中一系列的命题和定理，从而构成了欧几里得几何学。其中公理是指在许多科学分支中所共有的已为实践反复证明而被认为无须再证明的真理，"等量加等量其和相等"，就是无须证明的公理。在各种科学领域的基础上，还有某些未经证明而作为逻辑起点的假定，此类假定称为"公设"。公理是许多科学分支所共有的，而各个科学分支中的公设则是不同的。公设的有效性建立在现实世界的经验上。

《几何原本》中给定了五条"公理"（基本、不证自明的断言），又称算术公理：

1. 等同于相同事物的事物会相互等同，即如果 $a=b$，$b=c$，那么 $a=c$；

2. 若等同物加上等同物，则整体会相等，如果 $a=b$，那么 $a+c=b+c$；

3. 若等同物减去等同物，则其差会相等，如果 $a=b$，那么 $a-c=b-c$；

4. 相互重合的事物会相互等同；

5. 整体大于部分。

这五条公理是任何科学无论是自然科学还是社会科学，无论是数学还是天文学，无论是物理学还是化学，无论是古希腊的几何学还是古中国的算术，都必须无条件地遵守的，所以除了欧几里得几何学开宗明义给出这五条算术公理以外，其他的中外的数学和科学书籍一般并不明示这五条公理，但其在

逻辑演绎过程中都是严格遵循这五条算术公理的，这是不言自明的。

《几何原本》又给定五条公设（从人们的经验中总结出的几何常识事实）：

1. 过两点能作且只能作一直线；

2. 线段（有限直线）可以无限地延长；

3. 以任一点为圆心，任意长为半径，可作一圆；

4. 凡是直角都相等；

5. 过平面上直线外的一点有且仅有一条直线与该直线平行。

（最后一条公设就是著名的平行公设，或者叫作第五公设。）

《几何原本》以这些公理和公设为逻辑的起点，经过逻辑演绎证明了一系列的几何定理，形成了欧几里得几何学的体系。

公理系统要满足某些基本的要求，包括系统的一致性（无矛盾性）、完全性，以及公理的独立性。其中一致性是最重要的，其他几个性质则不是每个公理系统都能满足的，或不是一定要求的。由于公理系统可以建造一个完整、无矛盾、满足一致性的理论体系，所以几乎所有的数学领域甚至一些数学以外的科学领域都采用了公理化体系来构造他们的理论系统。

数学的公理化体系推动了近现代自然科学生成和发展，牛顿的自然哲学、爱因斯坦的相对论、现代宇宙学中的大爆炸理论、理论力学、现代控制理论都具有该科学分支领域的公理化的体系；数学公理化体系也推动了法学、金融学等现代社会科学的发展。

在数学中，所有的定理都必须给予严格的证明。而数学公理是在基本事实或自由构造的基础上人为设定的，所以公理是无须证明的。也有人类仍无法用现有理论推导证明的，如"哥德巴赫猜想""1＋1的猜想"。在其他学科中如果有必要，也可能设定其他的公理或者公设，欧几里得几何中的公设就是这种情况。

公设可以是经验性的，并不是纯粹理性的，它只在一定的范围中是可信的，如前面述说的古希腊的欧几里得几何中的第五公设。

欧几里得几何的这一个平行线公设，曾经引起过数学领域近两千年的风波，引起无数的数学家对平行线公设的怀疑和证明，以后又引导出众多的改变了平行线公设的非欧几里得几何，其中主要的有罗巴切夫斯基几何和黎曼几何。其中，罗巴切夫斯基几何的第五公设是过平面上一条直线外的一点，至少可以引两条不与该直线相交的直线；黎曼几何的第五公设是过平面上一条直线外的一点没有一条直线不与该直线相交。

除了几何学之外，很多数学的公理化体系中并没有公设。抽象代数是公理化体系，该体系中没有公设，而在"定义"基础上经过逻辑演绎形成抽象代数的数学体系。抽象代数的群论，是在群、环、域等数学概念定义的基础上，经过逻辑演绎而发展起来的一个数学体系。由此逻辑演绎出的数学（抽象代数）是可信的。与几何学不同的是它所定义的对象，如群、环、域，都是虚拟的，这种公理化系统可以称作虚拟公理系统。

公设是经验性的，所以它为数学发展带来了局限性。而定义可以是虚拟的，天马行空，为数学的发展开辟了无限空间。

事实上除了抽象代数，还有很多数学并不是建立在"公设"的基础上的，例如，算术、代数、三角学、微积分、复变函数、泛函分析等就是建立在定义基础上的。三角学中的全部三角函数正弦、余弦、正切和反三角函数反正弦、反余弦、反正切的表达式都是一种定义，以这些定义为逻辑的出发点，经过逻辑演绎建立了全部三角学的数学公式（定理）数学体系。中国古代刘徽数学正是在定义基础上逻辑演绎的，他所完成的《九章算术注》，首先对中国古代已有的《九章算术》中出现的术语和概念进行定义，然后以这些定义为逻辑的起点，对《九章算术》中的算法进行了逻辑演绎的证明。可以说这是刘徽第一次创建的中国古代算术的公理化体系。

复变函数是以虚数和复数为变数和因变数的函数理论，是在虚数和复数定义的基础上发展出来的一类数学体系。16世纪，数学家卡尔达诺第一次大胆使用了负数平方根的概念。如果不使用负数平方根，就不可能解决四次方程的求解问题。虽然他写出负数的平方根，却犹豫不决，他不得不声明，这个表达式是虚构的、想象的，并第一次称它为"虚数"，它和无理数的出现一样，引起了数学界相当大的困惑。当时这个虚数只有数学意义，在自然界无意义，现实世界中并不存在虚数和复数对应的物理量。随着科学的发展，虚数、复数和由此产生的复变函数在电磁学、系统分析、控制理论中得到了重要的应用，还在流体力学、空气动力学、弹性理论等方面都得到了广泛应用。

应用数学也是逻辑演绎的公理化体系，也是从定义和假设条件出发，运用现成的代数、几何、微积分、微分方程等数学方法进行逻辑演绎的证明而得出一些有应用价值的定理和结论。

控制科学是一种应用数学，所以又称"控制数学"，它以定义、假设条件或者已知条件等作为逻辑的起点，然后用矩阵论、微分方程、泛函分析等现成的数学方法演绎证明出控制科学的理论。

在控制系统的结构理论中，从数学上严格定义了能控性、能观测性，对系统的线性条件进行假定，其次用矩阵理论对系统的能控性和能观测性的充分必要条件进行了证明；在控制系统动态分析理论中，对稳定性进行了严格的数学定义，然后用微分方程理论推导了系统稳定的充分必要条件；在最优控制理论中，首先构造（定义）了系统的性能指标，以系统的边界条件和约束条件作为已知条件，其次用微分方程和变分法等数学方法推导出控制系统性能指标取极值的必要条件和充分条件。这就形成了最优控制理论的数学方法——最佳过程的数学原理——庞特里亚金极大值原理。

由此可见，在数学体系中几何学的公理化基础结构并不是唯一的。上述的这些数学和应用数学的公理化基础结构中没有基于经验的公设条件，而代之以定义、假设或者已知条件作为逻辑的起点，形成了这些数学的公理化的逻辑演绎结构。

再次强调，在数学中定义的对象可以是现实存在的，也可以完全脱离现实的存在，因此数学才有了无限自由想象的发展空间，数学才可能成为虚拟的。在这类抽象的数学中有一些与现实存在找到了对应的关系，并且得到了重要的应用。

由此可见，定义和公理、公设一样是数学公理化体系的一个关键的环节，对发展各种数学分支起着重要的作用。

我们可以设想，如果在欧几里得几何中的第五公设平行线公设，不是作为公设提出来的，而是以定义一种平行线的概念提出来，结果会怎么样？

欧几里得几何第五公设是过平面上直线外的一点有且仅有一条直线与该直线平行。如果我们把它改造成"过平面上一条直线外的一点存在与该直线不相交的一条直线称作平行线"，这一定义不会改变欧几里得几何所有其他的内容，却因此会改变数学发展的历史，至少在数学领域就不会有关于欧几里得几何的平行线公设的千年风波。但是其他几何学体系的理论应该仍然会发展起来，这是因为在数学界一直存在对平行直线不同的理解。

五、数学猜想的魅力

数学领域中数学猜想是发展数学的一种重要的动力，数学猜想常常是数学理论的萌芽和胚胎，因此它具有创新性，数学猜想是创新的灵魂。爱因斯坦说："提出问题比解决问题更重要。"一个学科只有大量的问题提出，才能使它永葆青春。正因为历史上有诸如著名的费马猜想、四色猜想、哥德巴赫猜想、庞加莱猜想等数学猜想的提出，数学科学才发展为今天壮观的现代数学。猜想作为一种直觉思维活动，虽然在很大程度上依赖于灵感或超前的思维，但作为一种思维活动，也存在着自身的一些规律。这些规律的掌握，对于学生掌握正确的方法，培养与提高能力往往起着事半功倍的作用，在数学教学中应用数学猜想，具备十分积极的作用和重大的意义。

数学猜想一般是建立在现有理论或者客观事实基础上的假设，也可以是完全虚拟的。因为有了这样的假设基础，很多数学猜想是很简单明了的，如哥德巴赫猜想，于是很多人认为这些猜想是可以被证明的。很多的数学家和业余爱好者，为攀登这样的数学顶峰，揭开它的神秘面纱，看到它美丽的容貌，付出毕生的精力。然而许多的猜想，经过了数百年的努力方才得到证明，还有的猜想至今也未得到最终的证明。即使如此，每一种猜想的证明过程都推动着数学的发展，例如，陈景润对哥德巴赫猜想的证明，虽然不是最终的证明，却是数论发展的一个新的高峰。而最速降线的数学猜想竟然开启了控制论的一个重要分支——最优控制理论的建立和发展。

最速降线的问题又可称作最速降线猜想。

质点从一个定点运动到不在其垂直下方的任意一个点（排除自由落体运动），整个运动过程只受重力作用，不计摩擦力，存在着一条曲线，质点沿该曲线下滑运动时间最少。

由于质点运动的曲线有无穷多种情况，怎么在这些曲线簇中找到那条使得下降时间最短的曲线？这就被称为"最速降线猜想"，是由意大利科学家伽利略在1630年提出的。17世纪的数学家欧拉、牛顿、莱布尼茨和伯努利家族的成员都找到了这条最速降线的方程式，这个方程就是后来著名的欧拉方程。这个最速降线的问题归结为泛函的极值问题，并由此发展出了解决这类问题的普遍办法——变分法。在此基础上发展了动态系统的最优化理论，其中苏联数学家庞特里亚金发展的极大值原理和美国数学家贝尔曼创立的动态规划构成了最优控制的基本理论。

欧几里得几何中的第五公设即平行线公设，在欧几里得以后，很多数学家把第五公设作为一种数学猜想，经过罗巴切夫斯基等数学家的努力，以其他四条公设为基础逻辑演绎证明第五公设，得到的结论是：这是一个无法以其他四条公设证明的猜想。于是就有了前面叙述的一些数学家改变第五公设的假设条件而发展出众多的非欧几何，其中最著名的有罗巴切夫斯基的非欧几何学和黎曼的非欧几何学。

数学猜想具有巨大的魅力，例如，用圆规直尺三等分任意角的猜想就是许多学习平面几何的初中学生曾经有过的天真的梦想，甚至也是某些耄耋老人的一个美丽的黄昏梦。

数学上有个很有名的定理，叫"哥德尔不完全性定理"，它证明连数学都无法同时是完备的和一致的，以数学的方式说明人的理性是有界的。人类往机器智能上去探索，去突破，人在这方面是起决定作用的。但这样一来，人的算法所决定的机器智能能否全面超过人类的自然智能就成为近年来自然科学界和哲学界最热衷的课题，也成了科学界一大猜想。哥德尔的晚年，致力于用逻辑演绎的方法证明人工智能的综合能力永远不会超越人类智能的综合能力。可以称之为"广义哥德尔猜想"，即：算法能写清楚的智能，永远小于人类语言能表达的智能；人类语言能表达的智能，又远小于人类想象的智能。

人工智能尽管在某些方面已经大大超过了人的自然智能，但仍然局限于图灵机应用数理逻辑的语言思考的范畴，这不过是人的自然智能的一个子集。人的自然智能，例如，人的想象力、创造力、精神世界和感情世界，人的各种心理和生理活动，都大大超出了数理逻辑的范畴，所以现在提出人工智能可以超越人的自然智能还仅仅是一个猜想。但是这种猜想是有意义的，在这种猜想的支撑下，人工智能在对人的自然智能的仿生领域取得重大的进展。比如，在棋类的比赛中，人工智能已经胜过了人的自然智能。

在科学研究和发展过程中，大胆地猜想是科学研究过程中的一种感性构建的阶段；而进行理性的求证，无论是逻辑演绎的证明，还是进行实验的验证，即进入科学的理性构建的阶段。正如北京大学原校长胡适先生所提出的："大胆地假设，小心地求证。"这是一种科学的理性态度，科学正遵循着这一条规律发展着。

爱因斯坦的"摇篮"之窥

爱因斯坦说："古希腊是西方科学的摇篮。"这个摇篮中的婴儿——西方科学是什么？

现代科学的发展推动社会高速前进，让人目不暇接。只要打开信息高速公路，人们的思绪就可以驰骋全世界，乘上宇宙飞船还可以去月亮与吴刚"共饮桂花酒"。这些都是现代力学、电学、光学、宇宙学等科学的成功。

而当人们在现代科学构筑的大花园中尽情欢乐的时候，可曾想到现代科学大门的开启却是一段最惨不忍睹的历史。

古希腊发现无理数的希帕索斯被他的导师毕达哥拉斯的门徒们推入大海，在波涛中溺毙；布鲁诺、阿斯科利在鲜花广场英勇就义，被火刑烧死；女科学家希帕蒂娅也是为了开启现代科学的大门，被宗教的圣徒们用贝壳刮去全身的皮肤然后施以火刑。这样为开启现代科学的大门而英勇就义的烈士还有很多很多。

现在当我们在尽情享受现代科学的成果时，为这群烈士默哀吧！祈祷吧！永远记住他们。真诚地思考历史——开启现代科学大门的历史，血泪的历史；真诚地思考古希腊的自然哲学与现代科学纠缠的历史。

美国科学家卡尔·萨根在他的名著《宇宙》中高度赞扬了古希腊的科学和文明："在人类历史上，只存在过一次科学和文明繁荣昌盛的景象，那就是古伊奥尼亚灿烂的文明，其明证则是亚历山大图书馆。两千年前，那些最优秀的人物奠定了基础，才使我们后来能系统地研究数学、物理学、生物学、天文学、文学、地理学和医学。显然，现代世界正是从这里萌发的。"

近代科学的发生和发展建立在科学思维方法和科学实验二者的基础之上，古希腊为现代科学提供了科学思维的方法，即逻辑演绎的方法。正如爱因斯坦所说："我们推崇古希腊是西方科学的摇篮。在那里，世界第一次目睹了一个逻辑体系的奇迹。这个逻辑体系如此精密地一步一步推进，以至它的每一个命题都是绝对不容置疑的，这就是欧几里得几何，推理的这种可赞叹的胜利使人类的智慧获得了为取得疑惑的成功所必需的信心。"关于科学实验，由于有伽利略著名的自由落体实验，爱因斯坦说："现代科学是从伽利略开始的。"

为什么爱因斯坦说"古希腊是西方科学的摇篮"？爱因斯坦也说得很清楚："Development of Western science is based on two great achievements: the invention of the formal logical system (in Euclidean geometry) by the Greek philosophers, and the discovery of the possibility to find out causal relationships by systematic experiment (during the Renaissance)."即"西方科学的发展建立在两大成就的基础上：希腊哲学家发明了形式逻辑系统（在欧几里得几何学中），文艺复兴时期运用系统实验为探索科学的规律提供了可能"。

"古希腊提供了一个逻辑体系的奇迹，这就是欧几里得几何。"爱因斯坦所说的摇篮是逻辑体系，并非古希腊的科学。古希腊的逻辑体系是一种科学的方法、科学的智慧。这个摇篮中的婴儿西方科学并不包括西方的古代科学，如果包括西方的古代科学，西方的古代科学主要就是古希腊科学，那么爱因斯坦所说的"古希腊是西方科学的摇篮"就会产生逻辑上的悖论。所以摇篮中的"婴儿"是西方的现代科学，即现代科学。"古希腊是西方科学的摇篮"意即"古希腊为现代科学的成长提供了（在欧几里得几何中的）形式逻辑"。

古希腊的形式逻辑为现代科学做出了重大的贡献，大家所熟知的传统的数学、物理，还有一些新兴的科学分支如计算机科学、信息科学、控制科学等学科都离不开形式逻辑，可以说没有古希腊的形式逻辑就没有现代科学。

然而就科学本身而言，古希腊科学是现代科学的基础吗？

恰好相反，古希腊几种重要的科学是现代科学的反面教材，现代科学是在对古希腊科学的批判和否定中诞生和发展的。且看科学由古代向现代发展和过渡的史实吧：

哥白尼的日心说是在对古希腊托勒密地心说的批判和否定中诞生的。

康德—拉普拉斯的星云说是在对古希腊亚里士多德宇宙不变说的批判和否定中诞生的。以后相继提出的宇宙大爆炸、宇宙膨胀学说都是对亚里士多德的宇宙不变说的否定。

伽利略的自由落体和牛顿的力学三大定律是在对古希腊亚里士多德力学的批判和否定中诞生的。

维萨里的人体解剖学是对古希腊盖伦人体结构的批判和否定。维萨里差一点儿因此被教廷执行死刑。

罗巴切夫斯基和黎曼的非欧几何是在对欧几里得几何的批判和突破中诞生的，并由此诞生了伟大的宇宙科学——爱因斯坦的广义相对论。

从以上所举康德—拉普拉斯宇宙学，伽利略、牛顿的力学，维萨里的人体解剖学，罗巴切夫斯基、黎曼的非欧几何学之例可见，没有一例是由希腊人批判自己的古代科学而发展出新的科学理论。所以，爱因斯坦所说的"古希腊是西方科学的摇篮"，仅仅是摇篮而已，这"摇篮"中的婴儿西方科学主要并不诞生在古希腊。

再看看古希腊科学极端理性的悲剧：

毕达哥拉斯的学生希帕索斯关于无理数的发现是对毕达哥拉斯数学观念的一种挑战，为此竟然招来了杀身之祸，这是科学史上罕见的冷酷。这个故事充分说明了理性主义转化为极端的非理性：具有绝对多数成员的唯理派成了反理性的杀人狂，提出无理数的希帕索斯代表了（真）理性。理性和非理性的纠缠演变成了数学史上的第一场千年的危机，这个危机化解以后数学才重新回归了理性的道路。而这个危机的化解人并不是希腊人，而是一个德国数学家。这又是古希腊科学的悲剧之一。

为什么这样的悲剧会发生在有着深厚崇尚科学传统和理性传统的古希腊？为什么古代最伟大的数学家毕达哥拉斯竟然成了杀害自己学生的主谋？

其实任何一种古代科学都有先天的缺陷，古代科学的基因的缺陷是由古代科学发生的历史客观条件所决定的。不仅中国，还有希腊、印度等的古代科学都有先天的缺陷。不同国家的古代科学，基因缺陷不尽相同，但肯定都有，而且形成一种难以更改的思维定式，这就是为什么有着高水平古代科学的文明古国都没有产生现代科学。其实李约瑟难题对于文明古国具有普遍性。那种只看中国古代科学的缺陷并无限夸大，乃至否定它，不是一种历史唯物主义的观点。

还是卡尔·萨根一针见血地指出了古希腊科学的缺陷："古希腊不重视科学联系生产实践，所以古希腊的科学缺乏自我更新、新陈代谢的能力。"古希腊不重视科学联系生产实践，中国古代也有，这就是所谓的"君子不器"。不重视科学联系生产实践，甚至排斥科学联系生产实践，其哲学根源就是极端理性主义。从希帕索斯因发现无理数而被杀害的例子可见，虽然古希腊人崇尚科学，而极端理性主义的源头也在古希腊，他们把已有的科学观念当作亘古不变的真理。这就是古希腊哲学和科学的基因缺陷，"缺乏自我更新、新陈代谢的能力"是现代科学没有发生在古希腊的重要因素，即使古代希腊有很先进的科学。

伟大的欧几里得几何也充分说明了古希腊科学的这一特点。如此聪明的欧几里得本来可以轻而易举地改动他本人所建立的几何学中的第五公设，从而轻而易举地建立欧几里得第二、第三、第四……几何学，但是天才的欧几里得本人竟然没有想到，匪夷所思！他把这伟大的新几何科学的建立让给了罗巴切夫斯基和黎曼，最终还取了一个令人伤心的"非欧几何"的名称。这就是欧几里得的思维定式，这也是古希腊科学的悲剧。

　　爱因斯坦所说的"古希腊是西方科学的摇篮"，应该理解为"古希腊的逻辑体系是现代科学的摇篮"或者"古希腊的科学方法和科学智慧是现代科学的摇篮"，并不等同于"古希腊的科学是现代科学的摇篮"！

　　希帕索斯被害所引发的第一次数学危机的化解，正好是欧洲从中世纪的黑暗转化到文艺复兴的历史时期，文艺复兴也正是反对极端理性主义的欧洲浪漫主义思潮兴起的时期，互相之间都有内在的联系，并不是历史的巧合。

　　中世纪的罗马教廷利用古希腊的科学（主要是亚里士多德的宇宙不变说和托勒密的地心说）制造了十个世纪血腥的历史。现在罗马教廷醒悟了，请了华人科学家丁肇中为伽利略平反。然而还需要更加真诚深刻地反省。

　　悔罪吧，罗马的圣徒们，在那些为开启现代科学之门而献出生命的烈士的墓碑前，在上帝面前！

"海之稻"

——浪漫主义的科学诗人

中国种植水稻已有六千年以上的历史，这六千年以来，水稻都是种植在淡水的田里。有谁曾想过把水稻种植在海水里？还要把水稻种植在沙漠里？可是我们的"杂交水稻之父"中国工程院院士袁隆平就想到了。这件事说明了两个问题，袁隆平院士不仅是一个严谨的科学家，更是一位浪漫的科学家。他以90岁的高龄，带着草帽，顶着烈日在田地里进行科学实验，所以袁老先生的严谨是不言而喻的，也是为大众所赞美的。然而，就是这样一位严谨的科学家，竟然想在海水中种植水稻，在海滩滩涂盐碱地种植水稻。海滩滩涂盐碱地日积月累地被海水侵蚀，导致水分蒸发，泥土中盐的浓度比海水还要高，这无疑是惊雷震耳的新闻；把水稻种植在沙漠里，更是匪夷所思，水稻是粮食作物中娇生惯养的品种，最适合我国江南温和湿润的气候，哪经受得了盐碱地加上酷烈沙尘暴的摧残。

这位严谨的科学家袁隆平竟是如此浪漫富有幻想，海水飘拂稻花香，沙漠涌动稻菽千层浪，这是一般人无法想象的美丽的科幻！

海水里真的能种植水稻吗？"杂交水稻之父"袁隆平在青岛面临大海表态："我有信心试种海水稻成功，并且有信心亩产超过300千克。"声音高亢，中气充沛。

2016年11月3日《人民日报》报道："袁隆平种出了海水稻。"

袁隆平说："许多国家都在做耐盐碱水稻研究，包括印度、日本、韩国等，但进展都不大。为什么我们仅通过短短几年研究就有所突破？因为我们将水稻耐盐碱基因与水稻杂种优势结合利用了起来。"

"大胆地假设，小心地求证"，提出海水稻是大胆地假设、浪漫地想象；利用水稻耐盐碱基因与水稻杂种优势结合是小心地求证。袁隆平团队在海风盐碱水的侵蚀中通过几年的艰辛研究，理性地探索和科学实验，海水稻才有所突破，并逐步成为现实。

据报道：一种可以在沿海滩涂和盐碱地上生长的水稻新品种——"海稻86"，试验成功。"海稻86"具有良好的抗盐碱、耐淹等诸多特点。目前，以袁隆平院士为首的科研团队正在进行高产攻关，利用杂交的优势提高产量，向平均亩产达到300千克目标努力。

这种在海边滩涂和盐碱地生长的水稻，不施肥、抗病虫、富硒高氨基酸，其植株在海边可以长到1.8～2.3米，在盐碱地中也可以高达1.4～1.5米。成熟后稻穗长22～23厘米。脱粒后的稻米呈胭脂红色。

"海稻米煮成的饭，我们也吃过。它不咸，能接受的。"中国保健协会食品安全评估专家委员李新兰介绍说，"红色主要是因为硒含量比普通大米高7.2倍。经过权威部门检测，海稻86与普通精白米相比，氨基酸含量高出4.71倍，具有很高的营养价值。而海水稻不需施肥、抗病虫、耐盐碱的独特生长特性，对资源节约的绿色农业生产大有裨益。"

据了解，我国盐碱地总面积约15亿亩，其中有2亿亩具备种植水稻潜力，如果都能种上海水稻，按照期望的产量300千克计算，每年能多收入600亿千克粮食。这对于我国粮食安全意义重大。而联合国今年发布的一份报告显示，全球粮食库存在近30年不断下降，目前全世界约有8亿饥饿人口。如果全世界143亿亩盐碱地都能种上海水稻，其"世界意义"将不言而喻。

看来海水种植水稻已经没有问题，沙漠对于水稻而言，自然条件更为严酷，难道沙漠也能种植水稻吗？

再看袁隆平院士"撸起袖子加油干"。袁隆平院士"海水稻"团队于2018年1月8日在迪拜启动沙漠种植水稻项目建设,从5月到7月,试种的包括"海水稻"在内的80多个水稻品种在沙漠中分批成熟。来自国际水稻所、印度、埃及、阿联酋和中国的五名专家组成的国际联合测产专家组对首批成熟的品种进行了测产,这些品种都超出了全世界水稻4.539吨/公顷的平均亩产量(来自2014年FAO统计数据)。这标志着袁隆平"海水稻"团队此次在迪拜沙漠地区的试验种植取得了阶段性成功。

袁隆平院士的"海之稻"对我们还有些什么启发?

提出海水水稻,也是一次思想的大解放。从生物学的观点看,在淡水中成长生活的生物,一般在海水中是无法生存的。人类如果遇到海难,长时间在海上漂流没有淡水,也是无法生存的。人类种植水稻已经有六千年的历史,从来都是在淡水的水田中进行的,没有人在海滩的盐碱地种植水稻。海水稻的提出挑战了六千年来水稻种植的传统,这是科学方法的思想大解放。作为享誉世界的袁隆平老科学家,本来可以"稳坐钓鱼台",安享晚年,却不惧怕失败的风险和后果,愿意把生命留在科学实验的稻田里,袁隆平不愧为踏上"海水之道"进行探索创新的大科学家。

我们设想一下,这样"天翻地覆"具有创造性的金点子提出来以后,会有两种反应,一种人会认为这是"违反祖制",不可能实现;还有一种人听了这个金点子的建议以后,会感到惊讶,经过冷静思考,认为这是一个大胆的创新设想,值得分析和验证。前者是一种平庸的观点,因循守旧;而后者思想敏锐,富有创新精神。

第二个值得思考的问题是钱学森之问。钱学森之问的症结在于教育怎样培养有创新性的、有浪漫主义幻想的人才,关键是哲学思想的问题,还是回到了爱因斯坦的名言"想象比知识更重要"。

海水种植稻谷这样"天翻地覆"具有创造性的金点子,并不是青年人提出来的,竟然是90多岁的袁隆平老先生提出来的,袁老先生富于幻想,创新精神与年轻人相比，有过之而无不及。

　　这样的例子并不少见，吴文俊在接近 60 岁时提出数学定理的机器证明的研究方向。2019 年诺贝尔化学奖得主，美国的古迪纳夫已经是 97 岁的高龄。诺贝尔经济学奖于 1969 年首次颁发，截至 2019 年共 81 人获奖，其中 74 位均在 50 岁以上，曾出现 90 岁高龄奖项得主。

　　在中国，现在 80 岁、90 岁以上，还在进行创新性工作的大有人在，其中不少是院士。中国科学院院士吴孟超 97 岁还在手术台边操柳叶刀给病人动手术。他 82 岁时为一个名叫甜甜的病人割下一个重达 9 斤的巨大肝部血管瘤。手术的风险很大，很容易引起血管破裂，导致病人大出血而死亡。有些年轻同事劝他："这么大的瘤子，人家都不敢做您做了，万一出了事，您的名誉就毁了。"吴孟超回答："救人一命重要，名誉算什么，我不过就是一个吴孟超嘛!"

　　吴孟超创造了世界奇迹，是一位"愿意把生命留在手术室"的"老神仙"（人们称呼他的雅号），这就是"老神仙"吴孟超的浪漫主义!

　　湖南大学李全华教授和娄彦博教授除了他们所从事的理工科专业的成就之外，80 多岁，却在文学、历史学、经济学的领域提出了有真知灼见的金点子。李全华 80 多岁时还对司马迁的《史记》提出了七大疑点，经过深入探索，做出了令人信服的解答，写下了近百万字的学术著作《史记疑案》，如今90 多岁仍然笔耕不辍。

　　为什么这些 90 多岁的老人还有如年轻人一般的创造激情呢？其中重要原因之一在于这些老人已经达到了"物物而不物于物""重己役物""道法自然"的内心自由的超越境界，就如吴孟超一般的"老神仙"的精神境界。

　　"幻想是诗歌的翅膀"，难道幻想是诗人的专利？不，袁隆平老先生就是富于幻想的浪漫主义的科学家、浪漫主义科学诗人。而且"海之稻"和"沙漠之稻"的幻想，正在通过袁隆平院士严谨的理论分析和科学实验，一步一步地走向现实，已经成为一种真正意义上的科学。袁老将再一次造福人类，并把他们的勇敢创新精神传递给下一代。

耀南，跃难，青出于蓝而胜于蓝

12 月初，我在学校医院住院期间，听说王耀南当选为中国工程院院士，我由衷地为他高兴，他曾经是我的硕士生和博士生。当天我就为他发了一封电子邮件，撰写楹联一副以表示祝贺。

　　道法自然，判天地美，析万物理；
　　情系人间，立初心志，奋宏图梦。

"道法自然"是中国古代大哲学家老子的话。王耀南在硕士研究生学习阶段，主攻的方向是专家系统；博士研究生学习阶段，主攻的方向是人工智能；毕业以后，他的科学研究方向是神经网络控制、机器视觉、机器人控制，成果累累。这就是中国工程院院士王耀南"道法自然"，从自然（人类）智能到人工智能的科研路上的大创造。

"判天地之美，析万物之理"是中国古代大哲学家庄子的话。王耀南并不仅仅停留在具有神经网络、机器视觉的机器人的创制，更可贵的是追求其"形而上之道"。所以从他博士生毕业至今短短的 20 来年的征途中，写出了160 多篇的 SCI 论文，8 部理论水平很高的专著。

王耀南创制的机器人是有温度的。记得多年之前，长沙曾经经历过一场冰雪的灾害，菜冻死了，小鸟冻死了，汽车也冻"死"了。更糟糕的是高压电线上面结了很多冰雪，被压断了，一座现代化的城市没电，几乎一切都要停摆。在风雪交加之中，电业工人要爬上高压线铁塔去除冰检修，是要冒着生命危险的。面对长沙市民的困苦，耀南，要跃难。他发挥了他那丰富的想象力，情急之中突生灵感，要创造一个除冰机器人，爬上高压铁塔，爬上高悬的高压电线，除去冰雪，为冰天雪地中的人们带去温暖。所以这样的机器人是有"温度"的，这个温度是耀南情系人间所赋予的温度。

情系人间，耀南对老师、对学生关怀备至。我退休以后，不务"正"业，在报纸、杂志、网络上写点小文章"招惹麻烦"，耀南看我所从事的工作在学术上很有价值，而且经常要到外地做演讲报告，就送给我两台笔记本电脑，为我提供打印机、打印费并且提出来可以为我报销差旅费；如果我在期刊上发表论文和美术作品，他就为我提供版面费。他对生了病的学生和老师们，更是体贴温暖，为他们解决医疗费用，减轻工作负担和压力，做了细致周到的安排，使他们能早日恢复健康，有的老师能从重病中恢复健康重新参加工作与他的关怀是分不开的。

王耀南在校内，在国家的学术界，乃至国际合作的机构所担任的职务之多；所获得的国家科技进步奖、国家发明奖之多，在湖南大学位列前茅，在全国也排在前列。他长期担任湖南大学电气与信息工程学院院长，近年来又担任了新成立的机器人学院院长，如今当选为中国工程院院士，已经登上了学术上的宝塔尖。他是名副其实的工作狂，面对如此多的荣誉和桂冠，无论过去还是现在，他跟我讲得最多的一句话是："在所有的奖项和荣誉中，我的最爱是我所获得的全国五一劳动奖章！"我震惊了，我应该向他学习。这就是青出于蓝而胜于蓝的中国工程院院士王耀南！

立初心志，奋宏图梦！

艺术修养和创新之道

教育家孔子注重教育的全面发展，其课程有六艺："礼、乐、射、御、书、数。"

孔子是思想家，也是歌唱家。有史料记载，孔子为他的恋人唱歌，临终时唱歌，每天都唱歌。墨子曾这样描绘孔子和他的学生唱歌时的狂热状："日诵诗三百、弦诗三百、歌诗三百、舞诗三百。"看来孔子和他的弟子们和明清时代的书呆子截然相反，爱好音乐到了痴迷的程度，难怪春秋战国时代的学者们思想活跃，无论在科学还是哲学方面都具有创造精神。因此形成了学术上"百花齐放、百家争鸣"的局面。

孔子又是音乐理论家，他在音乐的和声和谐方面有理论的论述。最为有名的是他为《诗经》的几乎所有诗歌配曲演奏，不愧为大作曲家和演奏家。他的音乐与他在哲学思想教育方面的成就是密不可分的。

孔子对诗歌音乐（艺术）的功能也有很重要的论述："兴于诗，立于礼，成于乐。""小子何莫学夫诗。诗，可以兴，可以观，可以群，可以怨。迩之事父，远之事君；多识于鸟兽草木之名。"诗、乐，乃艺者。

艺者，"兴""观""群""怨"，可识大自然，为成家立业之本。可见，孔老夫子把艺术教育作为一种培养完人的手段。古代科学和艺术是不分家的，如屈原的《天问》既是优美的诗，也蕴含着深刻的科学道理；张衡是文学家，也是天文学家，他的《东京赋》和《西京赋》都是优秀的文学作品；意大利的达·芬奇既是科学家，也是艺术家；明代朱载堉不仅是伟大的科学家，在数值计算、天文历法等方面有很高的成就，也是诗人、音乐家、舞学家，在如此多领域的造诣成就了他开放创新的科学精神和品格。

20 世纪 80 年代，李政道教授研究科学与艺术的结合，两次在北京召开"科学与艺术研讨会"。参加者有科学家和艺术家。参加的画家有黄胄、华君武、吴冠中等。艺术家们用绘画来表现当代理论物理最前沿的研究领域。荷兰画家埃舍尔用艺术创作表现物理世界的对称性；俄罗斯画家康定斯基说："艺术的最高形式是数！"国学家陈寅恪在研究国学时说："必须具备艺术家欣赏古代绘画雕刻之眼光及精神，必神游冥想，然后古人立说之用意与对象，始可以真了解。"可见科学家和艺术家在进行创作时他们的很多观念是相通的。

科学和艺术的融合是发展的趋势，造型艺术、电影、美术甚至文学诗歌都在和信息科学融合，所以李政道认为，21 世纪就是两者汇合的顶峰。

爱因斯坦说过："这个世界可以由音乐的音符组成，也可由数学公式组成。"他会拉小提琴，常常和量子论的创始人普朗克一起演奏贝多芬的作品。钱学森的名言是"科学家不是工匠，科学家的知识结构中应该有艺术，因为科学里面有美学"。钱学森会吹圆号、弹钢琴。

钱学森把人的思维分为抽象思维（逻辑思维）、形象思维（直觉思维）和灵感思维。人类的左半脑主管抽象思维，右半脑主管形象思维。形象思维和灵感思维对于科学创新是极其重要的。《天问》中的自然哲学的猜想就是出于屈原的形象思维和灵感思维，苯环的分子结构的灵感来自一条蛇咬住自己的尾巴的梦幻。这样的例子还很多。通过艺术的修养可以提高形象思维、灵感思维和想象能力。

爱因斯坦说："想象比知识更重要，想象是无限的，知识是有限的。"德国诗人歌德说："幻想是诗歌的翅膀，假设是科学的天梯。"中国一些古代文学作品又是科学论文，例如，战国诗人屈原写下了《天问》，为了回答《天问》，唐代文学家柳宗元写下科学长诗《天对》。看其中：

> "无极之极，漭弥非垠。"
> "无中无旁，乌际乎天则？"
> "东西南北，其极无方。"
> "夫何鸿洞，而课校修长？"

这首诗的科学寓意是很有意思的，它不仅提出了宇宙无限性，而且提出"无中无旁，乌际乎天则？""东西南北，其极无方"。即宇宙没有中心。这点认识比哥白尼、牛顿、康德都高出一筹。哥白尼和牛顿都认为太阳是宇宙中心，康德虽然明白指出宇宙是无限的，但他也认为宇宙有一个中心，这是很不彻底的无限观，因为真正无限的宇宙是不可能有什么中心的。

屈原的《天问》和柳宗元的《天对》是诗性的科学，表现了中国古代科学的诗性。

中国古代的思想家很多是文学艺术家，他们的论著既有深刻的哲学意义，也有很高的文学价值。例如，作为哲学家的庄子有许多寓言文学作品。近年来他的作品《庄周梦蝶》被改编为流行音乐。在习近平总书记和夫人访问英国皇宫时，《庄周梦蝶》这首流行音乐由萨顶顶演唱到英国皇宫。英国的皇家惊艳于《庄周梦蝶》的东方浪漫主义的艺术和完美的"天人合一"的哲学思想。这就是中华文化的魅力！

袁隆平的情趣

在科学家群体中像袁隆平这样"十八般武艺"样样精通的人不多，难怪袁老思想如此大胆开放，有那么多创新的金点子，这就是"帅"，不愧为"帅爷"！看看他的故事。

帅爷——隆农

隆农寿高志更高，海水种出杂交稻，

沙漠稻菽千重浪，神农喜嗅稻香飘。

帅爷寿高心长乐，地埂田垄飞车过，

单车摩托显神通，悟空甘拜农大哥。

隆帅寿高心如歌，琴弦流动多瑙河，

提琴颤动小夜曲，两口共奏游击歌。

隆平寿高心宽阔，精神焕发拨清波，

童颜鹤发浮绿水，夫妻弄潮跳探戈。

（以上内容摘自《市场报》2001 年 02 月 25 日第四版）

袁隆平对音乐有种特殊的感情。天分甚高的他，小提琴、钢琴都是无师自通。皓月当空的夜晚，他会开弓奏一首深情的《小夜曲》，或如醉如痴的《梦幻曲》，或《蓝色多瑙河》，或清新活泼的《新疆之春》。

袁隆平的读书范围很广，除了专业方面的，像《泰戈尔诗选》《莎士比亚四大悲剧》《简·爱》《呼啸山庄》等名著他都一一品读过，尤其喜欢读英文版的。

袁隆平也是体育迷，篮球、排球、羽毛球、乒乓球等无所不涉；他对象棋、军棋、围棋、扑克牌之类的兴趣也很浓。最让他骄傲的是游泳，他在昔日的游泳比赛中还曾有过不小的辉煌。

1947年，湖北省举行游泳比赛时，袁隆平正在汉口一所中学念高一。虽说十六七岁了，却个头瘦小、不显眼，体育老师不肯推荐他。他却暗自穿上运动服，搭了另一个参赛同学的自行车，巧妙地闯进赛场。凭借那股犟劲、熟练的技巧和顽强的毅力，他一举获得汉口赛区男子自由泳第一名和全省男子自由泳第二名。

杂交水稻，使袁隆平一生的大部分时间都在田垄里度过。为了节省时间，他从骑自行车改为骑摩托车去田边，很快就感受到了这玩意儿的轻便、快捷。没料到，玩摩托车、飙车竟又成为他人生的一大乐趣。哪丘田里的秧苗分蘖了、扬花了、结穗了……这些无不让他牵挂不已，他时不时便跨上摩托车，"嘟嘟!"一溜烟就奔下马路、蹿进小径、溜上田埂，矫健的身影闪动在一丘丘绿意葱茏或金黄灿艳的稻田里。

袁隆平坚持体育锻炼，练出了健康的体魄和顽强的意志，练就了对事业执着追求的基础。

袁隆平深有感触地对我说："其实，我最大的兴趣是和年轻人在一起。年轻人朝气蓬勃，敢打敢拼，是我们事业的希望。和年轻人在一起，我觉得自己也充满了青春的活力……"

国学中的创新之道

党的十七大提出："要提高自主创新能力，建设创新型国家，这是国家发展战略的核心，是提高综合国力的关键。"

党的十八大又明确提出"科技创新是提高社会生产力和综合国力的战略支撑，必须摆在国家发展全局的核心位置"，提出"2020年要进入创新型国家行列"。党的十八大以来创新已经上升到"国家战略"的高度，被誉为"民族进步的灵魂"，更事关改革发展路径的选择。

21世纪是创新的世纪，党的十九大报告再次吹响了创新的号角，报告中"创新"是使用最频繁的词语，共出现59次，涉及政治、经济、文化等方方面面。报告提出"加快建设创新型国家""创新是引领发展的第一动力"。强调要坚持走中国特色自主创新道路，实施创新驱动发展战略。党中央、国务院下发了《关于深化体制机制改革　加快实施创新驱动发展战略的若干意见》等一系列文件，提出"2020年要进入创新型国家行列"。

倡导创新文化，加快创新型国家建设，如何"加快建设创新型国家"？如何构建"创新驱动发展的第一推动力"？这涉及科技创新、管理创新、文化创新，在社会成员中形成创新精神和文化氛围，为此需要推进创新哲学和创新文化的建设和发展。创新文化是源于创新意识的一种文化形态，是一个民族创造意识和创新精神的集中体现，可为建设创新型国家提供精神动力和智力支持。

习近平总书记指出："创新是一个民族进步的灵魂，是一个国家兴旺发达的不竭动力，也是中华民族最深沉的民族禀赋。"在创新文化的建设和发展过程中，探讨"国学中的创新之道"其本身就是一个具有创新意义的新命题，既具理论价值，又有现实意义。

中华传统文化中的创新与变易之道

中国古代的创新思想源远流长，在 3600 年前，商朝刚建立，国君商汤为了吸取夏朝败亡的教训，将"苟日新，日日新，又日新"这九个字作为座右铭，刻在澡盆上，时时提醒自己，弃旧图新，与时俱进，激励创新精神以保持社会发展的活力和动力。以后这句话被儒家的经典《大学》以汤之《盘铭》引用，由此可见儒家对创新之道的重视，这种创新的意识为儒家教育所继承，成为其重要的教学思想之一。

儒家经典《周易·系辞》曰："盛德大业至矣哉，富有之谓大业，日新之谓盛德，生生之谓易。"其德日日增新，把更新、创新提升为一种优良的品德。"穷则变，变则通，通则久""天行健，君子以自强不息"，成为改革、思变、自强不息的座右铭。任何事物的创新，都意味着该事物在创新过程中的变化，也就是《周易》所谓的"革，去故也；鼎，取新也"。这个思想被后世传承并形成成语"革故鼎新"。

周易之"易"一名而含三义，"简易一也，变易二也，不易三也"，这三种含义都是对易的发挥，而周易贯穿始终的实质内容就是变易。变易是宇宙万物永恒的运动本质："夫易者，变化之总名，改换之殊称。自天地开辟，阴阳运行，寒暑迭来，日月更出，孚萌庶类，亭毒群品，新新不停，生生相续，莫非资变化之力，换代之功。然变化运行，在阴阳二气，故圣人初画八卦，设刚柔两画，象二气也；布以三位，象三才也。谓之为易，取变化之义。"

《诗经》云："周虽旧邦，其命维新。"这句话被以后的儒家经典多次引用，《孟子》引用曰："周虽旧邦，其命维新，文王之谓也，子力行之，亦以新子之国"；《大学》引用曰："周虽旧邦，其命维新，是故君子无所不用其极"。中国虽然是一个古老的国度，却肩负着改革创新的使命，由儒家经典引用"其命维新"可见作为孔子和孟子都极尽所能地大力推行创新思想，以保证国家的活力和强盛。

《易经》中"变易"之道是国学中的辩证法，是中国古代创新文化的重要思想方法基础。

辩证法起源于人类对于自然现象的观察与思考，昼与夜，天与地，日与月，寒与暑，生与死，男与女，从这些自然现象对比中抽象出：上与下，左与右，作用力与反作用力，动与静，正与反，有与无，强与弱，阴与阳等对立关联的概念，并上升到哲学的思考。对立统一是自然和社会发展变化的普遍规律。

在欧洲牛顿的自然哲学原理中，力学第一定律和第二定律都是关于动与静的力学定律，第三定律是作用力与反作用力的力学定律，也是自然现象力学中的关联对立的命题。爱因斯坦的狭义相对论是质量和能量关联对立的命题。

中国古人从自然现象的思考中归纳出阴阳之道，阴阳的对立统一、互相转化成为中国古老的自然哲学中辩证法的基本概念，并渗透到中国传统文化的各个领域中。

《道德经》中说："天下万物生于有，有生于无。"有和无的辩证法讲，有生无，无生有，不断地有无相生是古老道家对宇宙和自然的哲学思考，"道生一，一生二，二生三，三生万物"，有无相生的辩证发展形成了创造学的哲学思想基础。

《道德经》第一章开宗明义："无名，天地之始；有名，万物之母。""无"意味着宇宙初始一片混沌状态，经过演化，才"有"了日月星辰万物。

中国自古以来，学者们如天马行空般，对宇宙演化提出了许多不同的猜想，形成了很多学派理论，元素论、道论、气论、太极论、神创论和象数论等，都认为宇宙是在不停地演化着的。其中也有与星云说接近的气化说。早在《淮南子·天文训》中就有一种思想，认为天地形成以前，是一团混沌状态的气体。气有轻重，轻清者上升而为天，重浊者凝结而为地，天先成而地后定。天地的精气合而为阴阳，阳气积久生火，火的精气变成太阳。阴气积久生水，水的精气变成月亮。太阳和月亮过剩的精气变成星星。屈原又提出"阴阳三合，何本何化"，阴阳和元气三者结合，本源何处？怎样演化？这是宇宙演化之问。在科学史上，古希腊亚里士多德认为宇宙是一个大水晶球体，整体上是不变的。由于宗教的原因，宇宙不变论也是文艺复兴前西方学术界普遍的观点，直到18世纪康德才用星云说提出了宇宙的"何本何化"。

中国古代关于宇宙变化的学说是变易之道在自然哲学中的体现，这是中国古代自然哲学思考的一大特点，并且是人类对宇宙认识的一个重要突破和贡献。

"变易"之学渗透到中国传统文化的各个领域，运用辩证、发展、理性等创新性思维去认识和改造世界。《道德经》的开篇之语"道可道，非常道"，意味着认识的过程永无止境，第一个道是指世界的客观规律，世界的客观规律是可以被认知的，是谓"道可道"也；对于世界客观规律的认识而形成理，"理也者，形而上之道也"，非常道，世界的客观规律以及人们对客观规律的认知所形成的理并非永恒不变，即真理具有相对性。

"道可道，非常道"，认识过程永无止境，意味着创新也永无止境。而"前识者，道之华，而愚之始也"则意味着一种继承和创新的辩证关系，在创新中有所继承，在继承中有所创新。否则虽然创新者是"道之华"，如果在继承过程中没有新的发展创造，"道之华"也会因循守旧，失去华彩，而成为"愚之始也"。

关于继承和发展的关系，清朝的纪昀以下棋执谱与医病开方为喻说："国弈不废旧谱，而不执旧谱；国医不泥古方，而不离古方。"（《阅微草堂笔记·滦阳消夏录三》）说明了在继承中有所创新、在创新中有所继承的辩证关系。

除了以上介绍的儒家和道家的变易创新之道外，在诸子百家中，各个学派都有各自的辩证创新哲学。墨家在科学技术和逻辑推理方面有所创造，兵家在战略战术方面有所建树，法家在社会制度和法律方面有所创新。

"世异则事异，事异则备变"——变法与创新

诸子百家中法家是社会制度改革的创新者，积极主张变法。战国时代的商鞅提出"不法古，不循今"的主张。商鞅考察历史："汤武不循古而王，夏殷不易礼而亡。"治国之道，只有对国家有利，不拘守古法，适应时代的发展，才能达到治理国家的目的；因循守旧，则有亡国的危险。所以应该极力主张变法。

其后的韩非则更进一步发展了商鞅的主张，提出："时移而治，不易者乱。"他把守旧的保守派讽刺为守株待兔之人："今欲以先王之政，治当世之民，皆守株之类也。"并提出："世异则事异，事异则备变。"时代在变迁，世界环境在变化，治国之道应该适应客观环境的变化而改革创新。

秦国在法家改革创新的治理下日益强大，"期年之后，道不拾遗，民不妄取，兵革大强，诸侯畏惧"，为秦始皇实现统一建国大业奠定了基础。

在中国古代漫长的历史中，历朝历代都有励志改革变法者。

宋朝的王安石继承了先秦周易"革故鼎新"和法家"不法古，不循今"先进的历史观，在变法中以大无畏的精神提出"天变不足畏，祖宗不足法，人言不足恤"，并从哲学思考角度提出"新故相除"，这是具有现代科学意义的新陈代谢的创新性命题，是自然界和社会发展变化的规律："有阴有阳，新故相除者，天也；有处有辨，新故相除者，人也。"

王安石提出国家要随着时代的发展应变以趋时，从历史的角度吸取教训：

"夏之法至商而更之，商之法至周而更之"，强调社会的法律和制度应该随着社会的发展而改变；"中者，所以立本，而未足以趣时，趣时则中不中无常也"，时代的发展是没有常态的，一味地继承就跟不上时代发展的步伐。

王安石对"革故鼎新"的思想内容进行了创造性的发挥，从上古时代的象形文字中的"革"字进行解释，提出"革"包含"有为"的意思，以此批判那些空谈大道理、因循守旧、无所作为的贵族官僚，因此也得罪了朝廷上以司马光为首的保守派的大臣们。虽然王安石为了改变北宋积弱的现状，从经济、军事入手，进行变法，取得了一定成果，但是他所采取的激进变法的策略也以失败而告终。

中国历史上张居正面对明朝中期统治的严重危机，从军事、政治、经济等方面进行整顿，企图扭转嘉靖、隆庆以来政治腐败、边防松弛和民穷财竭的局面。

为了改变吏治腐败的状况，张居正创设了"考成法"，提出："惟以安静宜民者为最，其沿袭旧套，虚心矫饰者，虽浮誉素隆，亦列下考。"并令各级政府建立"考成簿"，依此逐级考察，使"月有考，岁有稽"。提拔重用"廉能官员""政以人举""一方之本在抚按，天下之本在政府"。他不限资格，不循虚名，不求高调，只看其是否有治国才能。"自是，一切不敢饰非，政体为肃"，中央的号令，"虽万里外，朝下而夕奉行"，大大提高了行政效率。

张居正重视边防，他认为"当今之事，其可虑者莫重于边防，庙堂之上，所当日夜图画者，亦莫急于边防"。又整理屯政，"修复屯田，蓄吾士马之力"。明朝边防危机有所缓和。张居正在加强边防的同时，还注意改善与少数民族的关系，使蒙古俺答汗"愿世为外臣，贡方物"。此后，张居正执政时期，边境安宁，明与蒙古及女真族的关系有所改善。

经济方面，在清丈土地的基础上，张居正还进行了赋役制度改革，推行了"一条鞭法"。经过张居正30多年经济改革，明朝万历年间的财政收入增加了一倍。

改革变法有成功者，也有失败者，很多变法者在斗争过程中，甚至付出了生命的代价。

商鞅在秦孝公的支持下变法，成绩显著，秦国逐渐强大，为后来统一六国打下了坚实基础。孝公死后，商鞅被诬谋反，遭车裂而亡。商鞅壮烈的一生可谓因法而生，因法而闻名，因法而亡。

明朝，张居正在万历早年推行新政，在一定程度上延长明朝国祚近百年。后来积劳成疾，瘁于国事，死后被抄家，迫害波及家人。

晚清，以康有为、梁启超为首的维新人士倡导学习西方，进行变法改革。在慈禧太后和袁世凯为首的保守派反对下，无奈"戊戌变法"只持续了103天，最终以康梁出走、谭嗣同"我自横刀向天笑，去留肝胆两昆仑"、六君子血溅刑场而告终。

虽然这些先行者在变革道路上付出了生命的代价，但是他们敢教日月换新天的胆识和智慧在历史长河中熠熠生辉，引导一代又一代改革者前仆后继追寻着先人的脚步于国家危难之际寻求出路。

否定之否定，历史的辩证法

从社会发展的历史角度考察，改革和保守是辩证的关系。中国 1978 年开始的改革开放，实质的内容是"恢复传统，不忘初心"。从这个意义上讲，这是一种对传统的保守。而在改革开放发展过程中其他方面的创新则是保守传统中的创新。

从历史上看，秦国的法家是对儒家的否定，到了秦始皇，君子无所不用其极，为了推进其制度改革而焚书坑儒。秦王朝的统治仅仅维持了十几年。历史发展到西汉，汉武帝罢黜百家，独尊儒术，恢复儒学的传统，是对传统的否定之否定。

历史轮回了两千年。百年以前，西学东渐，中国的一批有识之士为了提倡西方的民主与科学，改造旧中国积弱贫穷的状态，提出"打倒孔家店""中国古代无科学"的口号；经过了 100 多年，历史发展到今天，中国已经走上了复兴之路。再回首，应该对百年以前提出"打倒孔家店""中国古代没有科学"这些口号进行历史的反思和考察。

远的不必说，孙中山先生的"天下为公""世界大同"，毛泽东主席的诗句"环球同此凉热"，以及周恩来总理"和平共处五项原则"建议，近期习近平总书记提出的"人类命运共同体"的思想都是当代对孔子学说的发展。

除了孔子的学说，中国古代的很多哲学思想也是不断发展更新的，并深刻地影响着人们的思维。毛泽东喜欢用"一分为二"的思想来表达唯物辩证法的对立统一思想。"一分为二"的源头就是庄子的"一尺之棰，日取其半，万世不竭"。1973 年 7 月 16 日，毛泽东主席接见杨振宁先生时，也谈到了。当时科学界认为质子、中子是构成原子的基本粒子，所谓基本粒子就是最小的、不可分的。毛泽东却引用："一尺之棰，日取其半，万世不竭。"并进一步说："以哲学的观点来说，物质是无限可分的。质子、中子、电子也应该是可分的。一分为二，对立统一嘛！"1974 年 5 月 3 日接见李政道先生时，毛泽东又谈到了原子、粒子等话题。1977 年，在夏威夷召开第七届粒子物理学讨论会时，诺贝尔物理学奖获得者格拉肖提议："把构成物质的所有这些假设的组成部分命名为'毛粒子'（Maoris），以纪念毛主席。"

以上由历史发展的事实考察，正如习近平总书记所说，"儒家思想和中国历史上存在的其他学说都是与时迁移、应物变化的，都是顺应中国社会发展和时代前进的要求而不断发展更新的，因而具有长久的生命力"。百年以前提出"打倒孔家店"的口号虽然在当时有其积极性，考察其科学性却是否定的。

百年以前在改革维新的大潮中，还提出了"中国古代无科学"的口号。现在也应该反思中国古代有没有科学。与"打倒孔家店"的口号一样也涉及继承和发展传统文化的问题，并且涉及中国古代科学对于发展现代科学有没有意义。

远的不必说，2019 年中央电视台 CCTV – 1/4/10 多次播送四个科学家对科学研究的切身体会。"杂交水稻之父"袁隆平说："中国种植水稻的历史有6500 年。"诺贝尔奖获得者屠呦呦说："中华医药学造福人类，将会更加发扬光大。""墨子号"量子通信卫星的研究者潘建伟说："墨子的光线直线传播的学说启发了量子通信的科学研究。""天宫二号"总设计师朱枞鹏说："中国古代天文学是世界上天文学发展最早的国家之一。"以此向世界宣告继承中国古代科学对于发展现代科学的意义和取得的成果。

完成于 20 世纪的吴文俊机器证明也是继承发展中国古代数学思想的成果。他从研究机器证明经历和切身体会谈起："从第一次接触计算机，我对计算机的效率大为惊奇,又得益于中国传统数学的学习。两者一对照,觉得中国数学的思想和方法跟现在的计算机是合拍的,就促使我进行一些机器证明方面的尝试。"正因为他继承了中国传统数学思想方法,在机器证明领域领先于国外同行数十年。一同荣获国家最高科技奖的"杂交水稻之父"袁隆平也有同感:"吴文俊机器证明的研究方法,是中国古代数学思想跟当代计算机技术的'远缘杂交',如是'亲近杂交'想必是要退化的。"在计算机科学迅速发展的当代,中国传统数学思想方法在智能计算中将大放异彩。

从历史事实考察,中国古代科学并非"镜花水月而自作多情",相反中国古代科学对发展现代科学还有重要的启发意义,其中有的成果不仅没有消亡,而且被世界认同并越来越被重视。看来百年以前提出的"中国古代没有科学"的口号在当时虽然起到了引进西方先进的现代科学的积极意义,但是随着旧中国一去不复返,新中国走上了科学现代化的道路,现在应该反思"中国古代没有科学"的口号是否具有科学性。

由于历史的局限性,和传统文化一样,任何古代科学包括古中国、古希腊的科学都有其缺陷。一分为二,应该在批判中发展,在发展中批判。这才是辩证的思想方法。

从否定中国传统文化到继承和发扬中国传统文化的过程可见,在历史发展过程中,传统和改革总是在否定之否定中发展的一种辩证关系,这就是2500多年前的老子所说的"道可道,非常道"的规律。

"满眼生机转化钧，天工人巧日争新"

在中国古代文学艺术发展过程中始终贯穿着创新的思想。创造性乃是文学艺术作品体现真善美的基本条件。所以文学艺术作品的写作称为创作，谨防模仿。"须教自我胸中出，切忌随人脚后行。"（宋·戴复古《论诗十绝》之四）"我手写我口，古岂能拘牵。"（清·黄遵宪《杂感》）并且文学创作要随着时代的发展而日益创新，诗文必须反映时代精神，"诗文随世运，无日不趋新"（清·赵翼《论诗》）。

对于一味模仿他人的作品是"学尽百禽语，终无自己声"（宋·张舜民《百舌》），"鹦鹉学舌"，陷入抄袭，毫无意义。

在文学艺术发展历史中，还流传着这样一段讲究创新的佳话。唐代诗人崔颢，流传下来的诗不多，仅40首左右，其中有一首诗是：

黄鹤楼

昔人已乘黄鹤去，此地空余黄鹤楼。

黄鹤一去不复返，白云千载空悠悠。

晴川历历汉阳树，芳草萋萋鹦鹉洲。

日暮乡关何处是？烟波江上使人愁。

这首诗让崔颢留下千古诗名。据说大诗人李白登上黄鹤楼，也想赋诗一首，但是看了崔颢的这首诗，只好打了退堂鼓，说："一拳捶碎黄鹤楼，一脚踢翻鹦鹉洲。眼前有景道不得，崔颢题诗在上头。"宋朝有学者甚至认为，崔颢的这首诗在唐诗中位列第一，可见这首诗确实绝妙。文学艺术创作，切忌"陈言""旧句"，如果同一题材前人已有作品，而自己又不能超越，则宁可放弃。可见创造是文学艺术的灵魂。

在中国文学发展史上还有一个著名的例子，南宋诗人陆游和近代诗人毛泽东都写过同一词牌、相同题目的词《卜算子·咏梅》。

卜算子·咏梅

驿外断桥边，寂寞开无主。已是黄昏独自愁，更着风和雨。

无意苦争春，一任群芳妒。零落成泥碾作尘，只有香如故。

陆游词中的梅花在凄风苦雨中遗世独立、孤高自傲，阅读以后令人对其命运的悲凉感慨万千。陆游的这首词已是中国文学史咏梅诗词中难以超越之作。

然而1961年毛泽东"读陆游咏梅词，反其意而用之"，写下了另一首《卜算子·咏梅》。

卜算子·咏梅

风雨送春归，飞雪迎春到。已是悬崖百丈冰，犹有花枝俏。

俏也不争春，只把春来报。待到山花烂漫时，她在丛中笑。

在这首《咏梅》发表之前，郭沫若于1958年在《红旗》杂志撰文盛赞毛主席所发表的诗词是革命的浪漫主义和理想主义的完美结合。1961年毛泽东发表的《卜算子·咏梅》也是浪漫主义和理想主义完美结合的绝妙佳作。

毛主席的《卜算子·咏梅》这首词中，"俏也不争春，只把春来报。待到山花烂漫时，她在丛中笑"，这一"俏"一"笑"让人耳目一新，并且赋予了梅花浓郁的浪漫色彩，犹如看到了在冰雪中盛开的红梅；同时又寄托了诗人对国家美好前景的憧憬和乐观的信心。这就是浪漫主义和理想主义崇高的表现。

读了陆游的咏梅词，再读毛主席运用逆向思维立意的咏梅词，顿觉饱含着梅花清香之风拂面而来，新鲜之感油然而生。这正是"诗文随世运，无日不趋新"；毛主席咏梅词伟岸飘逸的艺术神韵乃"满眼生机转化钧，天工人巧日争新"（清·赵翼《论诗五首》之一）。

中国传统文化中的知行观

在中国传统文化中，"知"和"行"的关系相当于现在哲学意义中理论和实践的关系。历史上，先哲们关于知行留下了许多至理名言，其中有些观点阐明了知行的统一性、理论与实际的关系，对于现代科学创新发展中理论和实验的关系、理论和应用的关系的思考仍然有启发意义。

在历史发展过程中，知和行的关系在百家争鸣中形成中国传统认识论和真理观的各种不同的学派，其中不乏相互对立的观点，可谓百花齐放。

商代初期的伊尹说："弗虑胡获，弗为胡成。"意指不进行深入的思考就不能获得知识，不进行实践也无法获得成功。这是从反面说明知和行的重要性。

春秋时期，老子却说："不出户，知天下。不窥牖，见天道。其出弥远，其知弥少。是以圣人不行而知，不见而明，不为而成。"老子主张与世隔绝，就可以见天道，可以不行而知，而且不为而成，这是唯心主义先验论的观点。

孔子对知行关系有"讷于言，敏于行"之说，劝告人们少说空话，多干实事；另一方面又强调"学而知之"，知识是由"好古敏以求之"而得来，主张"多闻""多见""学而不思则罔，思而不学则殆"，提倡"知之为知之，不知为不知，是知也""不以言举人，不以人废言"的老实态度，"毋意、毋必、毋固、毋我"，反对主观、固执，强调知行统一、学以致用。在学习获得知识的过程方面，作为教育家的孔子说："三人行，必有我师焉。择其善者而从之，其不善者而改之。"反对主观，强调知行统一，学以致用，这些都是孔子论述中主要的观点，是值得借鉴和学习的。

孔子作为中国古代的思想家、哲学家和教育家，和老子一样都有其时代的局限性，在知行关系的论述中也有先验论的成分，子曰："生而知之者，上也，学而知之者，次也；困而学之，又其次也；困而不学，民斯为下矣。"其中"生而知之"，《论语》所论述"唯上知与下愚不移"，以及"君子不器"，如果仅从字面上解释，以上关于知识问题的思考是缺乏辩证的，但是这并不妨碍孔子作为思想家和教育家在历史上的伟大作用和意义。作为教育家的孔子提出这样的论述的主观意图和积极的意义在于：告诫人们必须努力学习，成为全面发展的人，否则会成为一种无知而愚昧的人，"困而不学，民斯为下矣"。

消极和积极是矛盾的对立面，但又可以互相转化，所以这也是一种辩证关系。在学习研究古代传统文化的过程中，必须持历史辩证的观点才能全面理解并发挥其真谛。

墨子重视行，认为检验言论是非有三个标准。墨子言曰："有本之者，有原之者，有用之者。于何本之？上本之于古者圣王之事。于何原之？下原察百姓的耳目之实。于何用之？发以为刑政，观其中国家百姓人民之利。"要向上考察历史，要向下考察百姓的反应，在行政实践中考察对国家人民的利益。这就是言论有三条标准的说法。墨子强调以事实为标准，这是唯物主义经验论的认识论。

庄子在认识论上提倡一切以主观认识为转移，客观对象"自其异者视之，肝胆楚越也。自其同者视之，万物皆一也""齐万物而为一"。

战国后期的荀子主张知和行的统一："不登高山，不知天之高也；不临深溪，不知地之厚也""凡以知，人之性也；可以知，物之理也""不闻不若闻之，闻之不若见之，见之不若知之，知之不若行之，学至于行而止矣"。认为行重于知，行是知的目的和完成。"知之而不行，虽敦必困"，虽然知识敦厚，没有行动仍然会感到困惑，总而言之，"道虽学不行不至，事虽小不为不成"，学习理论如果不通过实践检验就等于半途而废，检验真理和知识必须通过实践。

西汉末年哲学家扬雄也论述检验真理和知识必须通过实践，"君子之言，幽必有验乎明……无验而言之谓妄"。同时强调行重于知，"凡以知，人之性也；可以知，物之理也""知之不若行之，学至于行之而止矣"，行是知的目的和完成。

东汉唯物主义哲学家王充，认为感官经验是知识的基础，"凡圣人见祸福也，亦揆端推类，原始见终"。人要得到某种知识"须任耳目以定情实"。所以他说："不学自知，不问自晓，古今行事，未之有也。"

汉代董仲舒持先知后行的观点，"凡人欲舍行为，皆以其知先规而后为之"。宋代程颐也持相同的观点，"须是识在所行之先""知了方行得"。又说"君子以认识为本，行次之"，强调知先于行且重于行，强调知对行的指导作用，这种观点有其局限性。在人类认知客观世界的发展过程中，在有的阶段，理论认知在前，实验检验在后；有的阶段，实践行动在先，理论认知在后，不能一概而论。

南宋著名理学家朱熹提出："心包万里，万理俱于一心，不能存得心，不能穷得理。不能穷得理，不能尽得心。"认为行的出发点和归宿都应"以知为本"，把知和行统一到精神的"理"和"心"上。在知行关系上提出"知行常相须"的观点，并指出"知之愈明，则行之愈笃；行之愈笃，则知之益明"。这种知行辩证关系陆游则表达为："纸上得来终觉浅，绝知此事要躬行。"

明代的哲学家王守仁主张知行合一论，他说："知之真切笃实处即是行，行之明觉精察处即是知。"提出"致良知""知行合一"的认识论。在知与行的关系上，他说："知是行的主意，行是知的功夫，知是行之始，行是知之成。""正要人晓得一念发动处便即是行了。"混淆了知和行，并且忽略了行的客观意义。

明代的唯物主义哲学家王延相（以下王延相的言论均出自《慎言·潜心篇》）提出"博于外而尤贵精于内，论诸理而尤贵达于事"的认识论，肯定认识"不过思与见闻之合而已"，强调"行得一事，即知一事，所谓真知矣"，反对离开见闻思虑的"德行之知"。他批评程朱理学是"泛然讲说以求知"，陆王心学是"勿为虚静以养心"，"皆不于实践处用功，人事上体验"。他们的错误是"空寂寡头，门径偏颇，非禅定则支离"。

王延相的行也称为"履事""习事""实历"或"练事"，相当于现在所说的实践："讲得一事，即行一事，行得一事，即知一事，所谓真知矣。徒讲而不行，则遇事终有眩惑。""练事之知，行乃中几"，有了知识，行动中才能遵守规律（几）。"讲论之知，行尚有疑。何也？知，在我者也。几，在事者也。譬久于操舟者风水之故审矣，焉往而不利涉？彼徒讲于操舟之术者未涉江湖而不胜其恐矣，安所济之哉？"王延相以水中行舟为例阐明知行的统一性，经过实行的知，行起来才能合乎事物的规律（几）；仅仅有了书本的知识，行动起来还是会有疑惑的。这些论断是从实际中体验得来，不局限于概念的推论。王延相重视行，但并不低估知，主张知和行并重，即"知行兼举"。他说："学之术有二，曰致知，曰履事。兼之者，上也。"学习的方法有两种，一是求知，二是做事，应该二者兼顾。这是知行的辩证关系。

在中国古代思想家中，对知行理论贡献较大的还有明末清初唯物主义哲学家王夫之，提出"因所以发能"和"能必副其所"，认为根据客观对象才得以发生主体的认识，主体的认识必须符合客观对象的规律。王夫之阐发了"由行而行则知"和"由知而知则行"的知行统一观，认为"行可兼知，行高于知"。他批判了过去一切重知轻行的不正确说法，在论述行和知重要性时，他以《说命》中"非知之艰，行之维艰"这句话强调行是主要的，且容易受到忽视。进一步指出知行相辅相成，各有功用而不能合一。"知行相资以为用。惟其各有致功，而亦各有其效，故相资以互用。则于其相互，益知其必分矣。同者不相为用，资于异者乃和同而起功，此定理也"，批判王守仁混淆了知和行"不知其各有功效而相资，于是姚江王氏知行合一之说，得借口以惑世"。

王夫之又论述："知者非真知也，力行而后知之真也。"他所提出的"雷火说"和"潮汐波涛受地形和日月影响之说"都是通过实际观察做出的科学结论。这些论述都归结为实践是发现真理进行创造，实践也是检验真理标准的哲学观点。

颜元以医学为例，批判了理论脱离实际，深刻而生动地说明了科学实践的重要性："今有妄人者，止务览医书千百卷，熟读详说，以为予国手矣，视诊脉、制药、针灸、摩砭，以为术家之粗，不足学也。书日博，识日精，一人倡之，举世效之，岐、黄盈天下，而天下之人病相枕，死相接也，可谓明医乎？愚以为从事方脉、药饵、摩砭、疗疾救世者，所以为医也，读书取以明此也。若读尽医书而鄙视方脉、药饵、针灸、摩砭，妄人也，不惟非岐、黄，并非医也，尚不为习一科，验一方者之为医也。"（《中国哲学问题发展史》）

清代杰出的唯物主义者戴震提出了人的思维活动是以物质的形体"血气"为基础的，"人之血气心知，本乎阴阳五行"，"有血气，则有心知，有心知，则学以进神明，一本然也"。在他看来，人的感觉是外物的作用所引起的，物质世界是人的感觉的来源，"耳之能听也，目之能视也，鼻之能臭也，口之知味也，物至而迎而受之者也"（《戴震全集》）。

近代民主主义革命家孙中山在认识论上，提出"先行后知，知行结合，互相促进发展"的论述，认为人类认识是在"以行而求知，因知以进行""行其所不知以致其所知""因其已知而更进于行"的过程中不断发展的。重视行在认识中的作用，强调"不知亦能行""人类之进步，皆发轫于不知而行者也，此自然之理则，而不以科学之发明为之变异者也。故人类之进化，以不知而行者为必要之门径也"。孙中山根据革命实践中的体会提出了知和行的辩证关系学说。

毛泽东在《实践论》这一重要著作中也阐明了知和行的关系问题。其中实践就相当于行，认识相当于知。他论证了实践和认识间密切的辩证关系，把实践（行）摆在首要地位，指出实践可以验证、改正、完善认识，也可以取得新的认识。反过来，在实践中提高的认识也能更好更有效地指导实践。

中国传统哲学在认识论方面有着非常丰富的思想内容，中国先哲们提出的知行观，虽然具有一定的时代局限性，但也富含许多极其宝贵的见解，对当前的理论探索和社会实践都很有价值。

古代中国的科学思想中有理论联系实际、重视应用的传统，因而促进了中国古代科学技术的发展，在诸如天文学、数学、医学、农学以及一些技术应用的领域取得了很多领先于世界的成就。

知与行，理论与实践，基础与应用是对立统一的辩证关系。在人类的认知全过程中，知与行在不断往复，认知和实践过程螺旋上升。而在某一个特定的阶段，或者某一种特定的学科，可能存在知而无行的情况，即有理论而无实践或者有理论而无验证；还可能有一些没有实用价值的理论，或者看似没有实用价值的理论，这种理论往往在基础学科领域中，比如数学中的某些古老的数论至今也未见得应用到实际中。如果仅从实用的观点出发而排斥这些理论研究，这种过分强调实用的倾向就会削弱基础研究。因为知识和科学虽然有着分门别类的性质，却也有重要的有机的联系，如果缺少某一环节，即使该环节没有实用意义，也会造成知识和学科联系链条的断裂。如果这个环节是在基础学科领域，就会影响到该基础学科的发展，甚至影响到整个基础科学。科学史上有名的例子是非欧几何，非欧几何刚提出来的时候，人们并不知道它有什么应用的价值，几十年以后，才在爱因斯坦的广义相对论中得到应用。随着现代科学技术发展，非欧几何应用的领域越来越广泛。

这方面我也有切身的体会。1980年改革开放初期，我研究一类最优控制问题的奇异解，这是一个数学问题，又没有应用背景。当时学术界一些人对奇异问题不理解，拒绝该论文在学术会议上宣读。后来，我千方百计对该奇异问题寻找应用背景，才被接受在《自动化学报》上发表。但即使在权威的学术刊物上发表了，自动控制学术界仍然有人认为这种奇异问题没有实际价值，是故弄玄虚。

虽然一些特殊的科学问题可能当时没有实用意义，却是该领域中不可或缺的组成部分，如果放弃对这类问题的研究，将影响该学科领域的发展。

又比如1742年提出的哥德巴赫猜想，虽然已经经过几百年的研究，也有了相当的成果，但是至今这皇冠上的明珠"只中看，不中用"，没有应用于解决实际问题。王元教授编辑了《哥德巴赫猜想》一书，汇集了世界上最优秀的论文20篇。他在该书前言中写道："可以确信，在哥德巴赫猜想的研究中，有待于将来出现一个全新的数学观念。"这已成为中国数学界同人的共识。如果只看它眼前的实际应用价值而不重视甚至放弃对该类问题的研究，将会给数学的发展带来巨大的损失。陈景润初期研究这个问题时，甚至受到不公正的批判。

中国科学发展史中有一个"李约瑟难题"，为什么中国古代科学有很多领先于世界的成就，却没有发展成为现代科学？其原因和解释很多。其中的一种解答是：中国古代科学过分重视实际应用，忽视了看似没有实用价值的理论研究，因而影响到科学的基础，以至于没有在中国古代科学的基础上发展出现代科学。这种解释有道理。此外当然还有其他历史的社会的原因。

"千人之诺诺，不如一士之谔谔"

——批判性思维与科学

批判性思维译自英语 critical thinking，它是西方哲学的精髓。马克思说："新思潮的优点就恰恰在于我们不想教条式地预测未来，而只是希望在批判旧世界中发现新世界。"批判资本主义旧世界，发现共产主义社会新世界。马克思的这句话正应了中国的一句古话——革故鼎新。如果用革故鼎新来解释批判性思维：对于现实的存在不盲目地跟进，通过思考进行理性分析和判断，去伪存真的处理，这是革故；然后建立新的更接近真理的思想理论，这是鼎新。

不盲目跟进就需要有独立思考和怀疑的精神。关于怀疑，有一次，马克思的女儿燕妮问马克思，他的人生格言是什么，他的回答是："怀疑一切。"即"思考一切"的意思，其实质就是对于一切都要进行独立思考，有自己的独立见解。

有些人对"怀疑一切"不理解，把"怀疑一切"等同于"否定一切"进行批判，这是一种错误的理解。"怀疑"和"否定"两个词含义不一样，例如"怀疑一个人是小偷"和"否定一个人是小偷"两句话的意思完全不同。由此可见，不能把"怀疑一切"等同于"否定一切"。

中国古代很多思想家也大力提倡批判性思维和怀疑精神，孔子说："疑是思之始，学之端。"有了怀疑，才可能有思考和分析，怀疑是批判性思维的发端。孔子还提倡，君子有九思，"见思明，听思聪……疑思问，忿思难……"这疑思问、忿思难都是思考过程中的怀疑。孟子更是斩钉截铁地提出："尽信书，不如无书。"朱熹精思归约："读书无疑者，须教有疑，有疑者，却要无疑，到这里，方是长进。"又提出，"大疑则大悟，小疑则小悟，不疑则不悟"。陆九渊也提出了类似的观点，"为学患无疑，疑则有进，小疑小进，大疑则大进"。他们都大力提倡在治学中的怀疑精神，还论证了从有疑到无疑二者的辩证关系。从有疑到无疑，一种情况是疑问得到了解答，另一种情况是找到了一种创新的途径解决了原来的疑问，"到这里，方是长进"。

司马迁把怀疑批判精神提升到超群的品质："千人之诺诺，不如一士之谔谔。"

《中华人民共和国高等教育法》提出："我国高等教育的任务是培养具有创新精神和实践能力的高等专门人才，发展科学技术文化，建设社会主义现代化国家。"批判性思维是一种重要的创新性思维，近年来已将其提到我国的教育日程上。

美国麻省理工学院提出："培养高素质的学生，在于造就具有批判性思维，凡事都追求出类拔萃的人才。"欧美国家的很多大学也已经把有关批判性思维的课程列为必修课。

从科学史的角度考察，批判性思维是促进科学发展一种动力，哥白尼的"日心说"是在对托勒密"地心说"的批判中诞生的。

对"燃素说"的怀疑，使拉瓦锡提出"氧化学说"，才拉开了化学革命的序幕。

康德—拉普拉斯的"星云说"是在对亚里士多德"宇宙不变说"的批判之上诞生的。随后，宇宙大爆炸、宇宙膨胀、黑洞等宇宙学说百花齐放。

伽利略的"自由落体"和牛顿的力学"三大定律"是在对亚里士多德力学的批判中诞生的。

维萨里的人体解剖学是对盖伦人体结构的批判，从此奠定了现代医学发展的基础。

罗巴切夫斯基和黎曼的非欧几何是在对欧几里得几何的批判和突破之中诞生的。

爱因斯坦在对"以太学说"的批判中提出了"光速不变论",并创建了"广义相对论"。

可见,批判性思维也是科学精神的一种体现。孔子除了在批判性思维方面有很多的论述以外,在对自然规律的认识方面也具有求真的科学精神,"天何言哉,四时行焉,百物生焉,天何言哉";而诗人屈原的长诗《天问》对天提出 170 多个问题。中国古代,天作为最高神灵存在于人们的心目中。孔子和屈原对于作为最高神灵的天的怀疑和批判体现了大无畏的科学求真精神。此可谓"千人之诺诺,不如一士之谔谔"!

科学求真精神与真理观是密切联系的。孔子反对盲目崇拜权威,"当仁不让于师",与古希腊的亚里士多德所说"吾爱吾师,吾更爱真理"有异曲同工之妙。真理面前人人平等,在真理面前没有绝对权威。

明代哲学家颜元曰:"立言但论是非,不论异同。是,则一二人之见不可易也;非,则虽千万人所同不随声也。"不要随声附和,掌握真理不在于人的多寡,而在于对是非的分析判断,有时掌握真理的是少数人。孟子曰:"尽信书,不如无书。"而颜元提出:"书本上所穷理,亦有舛谬不实。朱子却自认甚真,天下书生遂奉为不易之理,甚可异也。"(《中国哲学问题发展史》)毛泽东提出反对本本主义。他们都提倡独立思考,反对把书本知识一概视为真理,当作教条,提倡批判精神。明代李贽认为真理是与非的价值标准有时代性:"如岁时然,昼夜更迭,不相一也。昨日是而今日非矣,今日非而后日又是矣。"以上这些论述都归结为真理是变化的,提倡大胆怀疑、科学批判的治学态度,这是具备科学创新精神最基本的素质。

中国古代刘徽、祖冲之、朱载堉等都是具有批判精神的科学家。

刘徽是三国时代的魏国人,平民,家境贫寒,自幼热爱并研习数学,有批判创新精神。成年后他在许多数学问题上的创新成果是对世界数学发展的贡献。他终身未仕而献身于数学研究事业，人称"布衣数学家"。他的数学著作很多，其中以《九章算术注》最为重要。

《九章算术》在东汉已被奉为经典，刘徽为之作注，自然对该书十分推崇。然而又因为不盲从，他发现了其中存在的问题，才会为其作注。在全面论述《九章算术》的同时，刘徽指出了若干错误及不精确处。如批评宛田术和开立圆术的错误，指出有关圆或圆体的问题，"以周三径一为率，皆非也"，从而创造了运用现代数学的极限概念和方法，推导了圆面积计算公式，提高了圆周率的计算精度。当时，他在这方面的创新成果居于领先世界的水平。他还批评世人因袭《九章算术》之旧法，"莫肯精核，学者踵古，习其谬失"，所以他要为九章算术作注，析辞以理，对《九章算术》各个概念给出明确的定义，并对其中的命题进行逻辑演绎的证明。他是我国数学史上最早明确主张用逻辑推理的方式论证数学命题的人，对《九章算术》的批判是最早最深刻的。同时，他虚怀若谷，敢于承认自己的不足，对自己设计的牟合方盖，他"判合总结，方圆相缠，浓纤诡互，不答可等正"，未能求出其体积，然而他没有不懂装懂，故弄玄虚以欺世人，而是坦率地承认"欲陋形措意，惧失正理，敢不阙疑，以俟能言者"，既表现了他"知之为知之，不知为不知"的实事求是作风，又反映了他寄希望于后学，相信后人能超过自己的坦荡胸怀。刘徽的怀疑精神包括怀疑自我，这是一种难能可贵的自我批判的科学求真精神。刘徽不愧为伟大的数学家，品质高尚的科学家。

中国古代"文艺复兴"式的人物

中国古代有一批杰出的"文武双全"的学者，他们富有批判精神和对科学的求真精神，在科学、艺术和工程技术的诸多领域取得了令世人瞩目的成就，为世界文化的发展做出了重要的贡献，可以与欧洲文艺复兴时期的人物相媲美。

一、"祸兮，福之所倚；福兮，祸之所伏"——王子庶民

中国古代有一位奇人，既是王子又是庶民，这双重身份成就了他在追求科学和艺术事业上的成功。如果他不是王子，就不可能受到最好的教育；如果他不是庶民，就会陷进皇权政治的旋涡而不可能在科学和艺术事业上有所追求，这就是发生在他身上——"祸兮，福之所倚；福兮，祸之所伏"的辩证法的奇迹。这位奇人是明代的科学家和艺术巨星，被李约瑟称为"中国文艺复兴式的人物"——朱载堉。他是明朱元璋九世孙，郑王的世子，准王爷。贵为王子，享受最优越的生活和教育，从小受精通音律的父亲的影响，而醉心于音律，喜爱音乐，无心于政治，觉得音乐才是他的整个世界，其他的名利对他来说都是浮云。他无心并拒绝承袭王位，青年时自号狂生、山阳酒狂仙客，他就是物欲世界里的一股清流。"福兮，祸之所伏"，由于宫廷斗争，无辜的朱载堉年少 15 岁时就被贬为庶民，筑土室宫门外，席藁独处十九年。朱载堉作诗抒心怀："纸糊窗，竹做榻，挂一幅单条画，种几枝得意花，生前

有一院，死后有一丘，足矣。"从王子一跌为庶民，"祸兮，福之所倚"，从此他开始了为世界音乐历史种几枝得意花的大福人生。

朱载堉创作了很多诗歌，其中不少诗歌揭露批判了当时社会的腐败黑暗，例如《黄莺儿·骂钱》："孔圣人怒气冲，骂钱财：狗畜生！朝廷王法被你弄，纲常伦理被你坏，杀人仗你不偿命。有理事儿你反复，无理词讼赢上风。俱是你钱财当车，令吾门弟子受你压伏，忠良贤才没你不用。财帛神当道，任你们胡行，公道事儿你灭净。思想起，把钱财刀剁，斧砍，油煎，笼蒸！"——完全抛却了王子的身份，而有一股酒狂仙客、绿林好汉之杀气。

朱载堉一生潜心研究术数乐律，不仅是现代音乐理论的先驱，而且是自然科学的开拓者。他创造了多个世界第一：第一个发现了音乐中的十二平均律原理；第一个创造了弦准；第一个提出了舞学；第一个在数学上得出了求解等比数列的方法；第一个解决了不同进位制的换算方法；第一个在算盘上进行开方运算；第一个精确地计算出回归年的长度值；第一个判定出当时北京的地理纬度和地磁偏角。

他一生著述甚丰，《琴谱》《律历融通》《律学新说》等已收入其名著《乐律全书》。另外还有《韵学新说》《先天图正误》《律吕正论》《嘉量算经》等。

朱载堉在批判旧律的基础上创造了音律上的十二等程律。春秋战国时代我国在音律学方面就有三分损益法，朱载堉对该方法不能实现黄钟还原、不能任意转调进行了分析和批判，并提出"不宗王莽律度量衡之制，一也""不从汉志刘歆班固之说，二也""不用三分损益疏舛之法，三也"。朱载堉在批判旧律的基础上运用勾股定理，在一个八度音程内算出了十二个音程值相等的半音，创立了"十二平均律"。如果用数学公式来表示，十二平均律和频率变化之间的关系，就是一个公比为$\sqrt[12]{2}$的等比数列。为了进行精确的计算，他自制了两层八十一档的大算盘，夜以继日，其计算精度达到了二十五位。此外他还根据十二平均律的理论反复研制，创制出了世界上第一架发音准确的乐器——弦准，用实验证明了这一理论的正确性与科学性。

20世纪80年代，美国华裔教授沈柏宏用大型的电子计算机验证了朱载堉的计算结果，他惊讶地说："这的确是个谜，四百年前的人怎么能算得这么精确！"

朱载堉创造的音律十二等程律可以任意转调，是现代音乐的基础，所有的乐曲，无论歌曲还是器乐曲都以十二等程律为基础；所有乐器的演奏离不开十二等程律；除了少数的弦乐器之外，几乎所有乐器的制作都以十二等程律为基础。

17世纪，朱载堉研究出的十二平均律的关键数据——"根号2开12次方"被传教士带到了西方，巴赫根据它制造出了世界上第一架钢琴。人称巴赫为"音乐之父"，则朱载堉可谓"音乐之祖父"。

朱载堉不仅是伟大的科学家，在数值计算、天文历法等方面也有很高的成就，他又是诗人、音乐家、舞学家，不愧为中国"文艺复兴"式的人物。

二、冲之！勇士

南北朝的祖冲之是中国古代具有批判和创新精神的科学家——追求真理、不畏惧皇权的勇士！

祖冲之博学多才，被南朝宋孝武帝派至当时朝廷的总明观任教。当时的总明观是全国最高的科研学术机构，相当于现在的中国科学院。祖冲之在科学方面主要的成就是天文学和数学，在机械制造方面还有一些发明创造。

祖冲之的数学成就

祖冲之对圆周率数值的精确推算，在数学发展史上对世界做出重大贡献，日本数学家将该圆周率命名为"祖率"。

自秦汉至魏晋的数百年中研究圆周率成绩最大的学者是刘徽，但祖冲之认为其精确度仍待提高，于是他进一步精益钻研，探求更精确的数值。祖冲之算出圆周率值在3.1415926和3.1415927之间，精确到小数点后第7位，这个世界纪录保持了 1000 年以后才被阿拉伯和德国数学家打破。1706 年西方用"π"这个符号表示圆周率并由欧拉所推广。

为了证明 π 的无理性，古今中外对于圆周率计算的精度孜孜以求的大有人在，这是被一种探索自然奥秘的兴趣和求真的科学精神所驱使的。π 是一个超越数（加强版无理数），虽然已经用理论方法证明了圆周率是一个无限不循环的数字，但是没有过实践性的证明。现在，随着计算机时代的来临，π 的位数的最高纪录已经突破 10 万亿位大关，但是至今人们仍然在继续探究它。为圆周率计算着迷的人常说：如果上帝创造了整数又创造了 π，那么或许上帝其实就是一台计算机。对于圆周率计算的精度孜孜以求者想象，如果超过 10 万亿位的圆周率被算尽了，那么就证明 π 是一个有理数，这在数学体系中无异于一次地震。

刘徽虽然计算出了圆周率小数点后四位数，但在实际计算中只取 3.14。所以刘徽的圆周率计算仅仅是一种对极限问题的探索。而祖冲之得到的结果，在 1000 多年前更是深不可测的了！

祖冲之在圆周率的研究方面，除了数学探索的意义还有积极的现实价值。他在研究度量衡过程中，表现了他的科学求真精神，用上了最新的圆周率成果修正古代的量器容积的计算。

祖冲之写过数学著作《缀术》五卷，被收入著名的《算经十书》中。《隋书》评论"学官莫能究其深奥"，在唐朝官学中，《缀术》也被列为必读的十部算经之一，且需学习 4 年，年限为各经之首。后来，《缀术》传至日本和朝鲜，并成为他们的数学教材。但 10 世纪以后，《缀术》渐渐在各国失传了。尽管今天已无从知道《缀术》的完整内容，但由史料上关于该书零星的记载知道，其中已用到三次方程求解正根的计算方法了，这在当年是一项创举，从中可见《缀术》的学术价值。

祖冲之的天文成就

祖冲之对木、水、火、金、土五大行星在天空运行的轨道和运行一周所需的时间进行测算，其结果与现在的相比，其相对误差都在三位小数以下。在天文学的基础上，祖冲之总结和批判旧有历制计算缺陷，创制出一部新的历法《大明历》。这种历法测定的每一回归年（也就是两年冬至点之间的时间）的天数，跟现代科学测定的相差只有 53 秒；测定月亮环行一周的天数，跟现代科学测定的相差不到一秒，可见它的精确程度之高。

祖冲之《大明历》主要有如下的改进：

改革闰法

在古代，中国历法家一向把十九年定为计算闰年的单位，采用了 1000 多年。公元 412 年，北凉赵𬙂创作《元始历》，才打破了岁章的限制，规定在 600 年中间插入 221 个闰月。

祖冲之根据观察，推翻了过去的闰法，提出了更精确的 22391 年 144 闰月的新闰法。祖冲之的闰周精密程度极高，按照他的推算，一个回归年的长度为 365.24281481 日，与今天的推算值仅相差 46 秒。

应用"岁差"

地球是一个表面凹凸不平、形状不规则的刚体，在运行时常受其他星球吸引力的影响，旋转的速度总要发生一些周期性的变化，因此，地球绕太阳运行一周不可能完全回到上一年的冬至点上，总要相差一个微小距离，这种现象称为岁差。祖冲之在继承前人科学研究成果的基础上，不但证实了岁差现象的存在，而且算出岁差是每 45 年 11 月后退 1 度，在他制作的《大明历》中首次应用了岁差。

提出"交点月"的计算

祖冲之在我国天文学史上第一次提出，月亮相继两次通过黄道、白道的同一交点的时间（交点月）长度为 27.2123 日，与现今推算值仅相差十万分之一日，即不到 1 秒，由于日食、月食（统称交食）都发生在黄白交点附近，所以祖冲之的交点月长度对于日月食预报具有十分重要的意义。祖冲之在他制订的《大明历》中，首次应用交点月，推算出来的日、月食时间和实际出现日、月食的时间都很接近。

编撰《大明历》

在天文学研究的基础上，祖冲之发现何承天所编的当时正在执行的《元嘉历》有许多错误，如日月方位距实测值已相差3度，冬至、夏至已差了1天，五星的出没已差40余天。于是他着手编撰了更为精确的《大明历》，推算出一个回归年为365.24281481日。

公元462年，祖冲之把精心编成的《大明历》送交南朝宋孝武帝，请求公布实行。孝武帝命令精通历法的官员们对这部历法进行讨论。在讨论过程中，祖冲之遭到了以戴法兴为代表的保守派反对，祖冲之著《历议》一文予以驳斥。在《历议》中，他写下了两句名言："愿闻显据，以核理实""浮辞虚贬，窃非所惧"。为了明辨是非，他愿意彼此拿出明显的证据来相互讨论，至于那些捕风捉影无根据的贬斥，他丝毫也不惧怕。戴法兴认为，历法中的传统持续下来的方法是"古人制章""万世不易"的，他责骂祖冲之是"诬天背经"，认为天文和历法是"非凡夫所测""非冲之浅虑，妄可穿凿"的。祖冲之却大不以为然，据理力争说，不应该"信古而疑今"，日月五星的运行"非出神怪，有形可检，有数可推"，只要进行精密的观测和研究，孟子所说的"千岁之日至，可坐而致也"，假如"古法虽疏，永当循用"，那还成什么道理！

但是宋孝武帝还是听信了以戴法兴为代表的保守派的反对意见，凭着他至高无上的皇权封禁了祖冲之的《大明历》。祖冲之经过半个世纪为真理而斗争的努力，还经过祖暅多次上书，直到510年，祖冲之死了十年之后，他创制的《大明历》才得到推行。这就是坚持真理、不畏惧皇权的冲之勇士！

祖冲之的技术发明和创新

除了数学和天文学，祖冲之还对机械制作感兴趣。他曾研究改进指南车。

中国古代三国时就曾造过指南车，但历史上的指南车"机数不精，虽曰指南，多不审正，回曲步骤，犹须人功正之"。而"冲之追修古法。改造铜机，圆转不穷，而司方如一，前所未有也"。

祖冲之研制过一种千里船，史载"又造千里船，于新亭江试之，日行百余里"。

祖冲之还研制过一种把水碓机和水磨机结合在一起的利用水力推进的水碓磨机，大大提高了研磨效率，如今有些江南农村还在使用着祖冲之水碓磨机。此外他还曾研制欹器、计时器等。

祖冲之的成就不仅限于自然科学和机械制作方面。关于哲学，他著有《易义》《老子义》《庄子义》《释论语》等书籍；文学作品方面，他著有《述异记》；他还精通乐理，对于音律也有深入研究。

祖冲之刻苦求精以治学

祖冲之在数学和天文学的推导计算上，需要对数十位有效数字进行加、减、乘、除和开方等数十个步骤的计算，而每个步骤都要反复进行十几次验算，最后计算出的数字精确到小数点后十六七位。在那个算盘还未出现，人们普遍使用计算工具算筹的时代，如果没有探索自然奥秘的持续兴趣和精益求精的精神是无法排除万难完成如此繁重的研究推算工作的。

近代国内外对祖冲之给予高度的评价。为纪念这位伟大的古代科学家，1967 年，国际天文学家联合会把月球上的一座环形山命名为"祖冲之环形山"；1964 年 11 月 9 日，为了纪念祖冲之对中国和世界科学文化做出的伟大贡献，紫金山天文台将 1964 年发现的，国际永久编号为 1888 的小行星命名为"祖冲之星"；此外还有由上海造币厂制的正面为国徽，背面为祖冲之浮雕的纪念币；祖冲之路位于上海市浦东新区张江高科技园区，东西走向，是该园区主要道路；祖冲之园位于上海浦东软件园；祖冲之中学位于河北省保定市涞水县，其前身是涞水县第一中学，1992 年更名为河北祖冲之中学。华罗庚著文《从祖冲之的圆周率谈起》："祖冲之不仅是一位数学家，同时还通晓天文历法、机械制造、音乐，并且还是一位文学家。祖冲之制定的《大明历》，改革了历法，他将圆周率算到了小数点后七位，是当时世界最精确的圆周率数值，而他创造的'密率'闻名于世。"《南史》云："冲之解钟律博塞，当时独绝，莫能对者。"

类似的人物在中国古代还有很多，如李时珍、张衡等，他们对科学和艺术的创造以及对后世的教育有重要的启发意义。

汉语语境中的科学

"科学"一词是一个日译英语词语，英文为 science，源于拉丁文的 scio，后来演变为 scientin，最后形成了今天的拼写法，其本义是"系统的知识""学问"。日本著名科学启蒙大师福泽瑜吉把"science"译为"科学"，在日本语境中的意思是分科之学问、分科的知识。

science 的本来含义是系统知识，为什么在日语中就翻译成"科学"？19世纪，科学已是一个非常庞大的知识体系了，它已分得非常细，即分成许多许多专业，而这些专业知识又不像其他知识那样是互不联系的。除了专业概念外，基础概念是一致的，基本方法也是一样的，"科"的意思是分类或层次条理的意思，所以 science 对应翻译为"科学"还是比较合适的。

中国古代虽然没有科学这个词语，但是有一些经典的书是关于科学规律的探索的信息记录。古代的《周髀算经》记录了我国古代数学家发展的勾股定理，《九章算术》记载了汉代以前我国在算数、代数、几何等一些算例的计算方法，刘徽所著《九章算术注》运用逻辑演绎证明这些计算方法，《黄帝内经》是典型的医学大成，这些都是中国汉代以前社会的科学巨著。

但是就"科学"这个字眼来说，还是舶来品。到了 1893 年，康有为引进并使用"科学"二字。严复在翻译《天演论》等科学著作时，也用"科学"二字。此后，"科学"二字便在中国广泛运用。

随着历史的发展，随着科学的普及和运用"科学"一词的普及，科学已经不局限于分科之学的意思。科学的反义词是迷信，迷信的反义词是科学，例如前些年流行的吃绿豆包治百病，这种做法是不科学的；生了病应该到医院就医，根据医生的处方对症治疗，才是科学的做法。这种情况下，科学就不是分科之学的意思，其意义是客观的真实的规律，和迷信恰好成为反义词。科学是对客观世界的认识，反映客观事实和规律系统的知识体系。

《辞海》1999年版："科学：运用范畴、定理、定律等思维形式反映现实世界各种现象的本质的规律的知识体系。"法国《百科全书》："科学首先不同于常识，科学通过分类，以寻求事物之中的条理。此外，科学通过揭示支配事物的规律，以求说明事物。"苏联《大百科全书》："科学是人类活动的一个范畴，它的职能是总结关于客观世界的知识，并使之系统化。'科学'这个概念本身不仅包括获得新知识的活动，而且还包括这个活动的结果。"《现代科学技术概论》："可以简单地说，科学是如实反映客观事物固有规律的系统知识。"

中国古代在从日本引进"科学"这个词之前，汉语语境是怎样表达科学的意义和内涵的呢？

中国古人早就回答了：

"判天地之美，析万物之理"

"格物致知"

"形而上者谓之道，形而下者谓之器"

这物之理、物之道、物之知、格物、致知，都表达了上述书籍中关于科学的定义，也表达了西方语境中的"science"和日本语境中的"科学"的内涵。

"形而上者谓之道，形而下者谓之器"，"道"在中国古代文化中有着最广泛深邃的含义。可以有哲学的含义，例如"道法自然"之"道"；"形而上者谓之道，形而下者谓之器"用在科技领域，这道和器之分，就是科学与技术之分。"器"的含义是技术，相对于"器"而言，"道"是"器"之道理、原理，所以"道"的含义就是科学；"道"的含义也可以是自然哲学，德国哲学家康德写了一本《自然科学的形而上学基础》，该书是一本自然科学的哲学之书。

孔子所谓的"君子不器"意味着孔子轻视手工业者的技术，但并不意味着孔子轻视科学，相反，作为教育家的孔子是重视科学的。

古代的先民为了适应和改造自然，在人类文明的早期还完全没有自然科学的知识条件下，创造了神教、巫术、祝由之类的带有唯心主义色彩的对自然的认识和迷信，我们国家历史上战国和两汉时期这类迷信活动发展到了一个高峰，形成了一种基于巫术和祝由的神秘主义的所谓"黄帝之学"。

孔子批判了这种神秘主义色彩的自然观，"百物生焉，天何言哉？"在教学中，"子不语怪力乱神"。在孔子的著作中也有很多自然的知识，《诗经》中，就有关于气象、植物和动物的知识，孔子教导学生作诗要"多识于鸟兽草木之名"。在《荀子》一书中就有关于孔子对自然现象十分关注的记载，当江河发大水时，他都要现场仔细观察，并记录江河水文的变化。

中国古代也有一些唯物思想启蒙的学者，如扬雄、王充、张衡等，用唯物的观点批判唯心观点。到了三国时期，有东吴学士杨泉在继承上述唯物观点基础之上写成了一部《物理论》，其中包含了宇宙的本原、机械运动、物质形态、音律等物之理的类比和猜想，这可以算作中国历史上最早的自然科学著作。

中国古代与西方语境中的科学相对应的"格物致知"的理念在2000多年以前就形成了，例如儒家经典《礼记》："致知在格物，物格而后知至。""所谓致知在格物者，言欲致吾之知，在即物而穷其理也。"

南宋的理学家朱熹提出："天地中间，上是天，下是地，中间有许多日月星辰、山川草木、人物禽兽，此皆形而下之器也。然而这形而下之器之中，便各自有个道理，此便是形而上之道。所谓格物，便是要就这形而下之器，穷得那形而上之道理而已。"

由此可见，中国古代汉语语境中的物理就是物质运动的道理，也就是西方语境中的科学。

明末清初的思想家方以智历经 22 年著成《物理小识》，书中内容除了天文、气象、光学、力学、声学等物理知识外，还把知识分为三类：质测，"物有其故，实考究之，大而元会，小而草木蠡蠕，类其性情，徵其好恶，推其常变，是曰质测"，质测也就是现代语境中的自然科学；宰理，是现代语境中的社会科学；通几，"寂感之蕴（指天地阴阳动静的奥妙），深究其所自来，是曰通几"，即物之至理，就是现代语境中的哲学。

"判天地之美，析万物之理"不仅定义了科学之理，还包含了科学的美学概念。这是 2000 多年前的庄子在人类认识论历史上最早提出的自然科学之理与自然科学之美之间联系的诗性的精辟论述。

伪科学还是真科学？——论中国古代天文学

中国古代天文学曾取得辉煌成就，与数学、医药学、农学一道被誉为中国古代四大科学。其中具有代表性的，有领先于世界的天文观测星图、高精度的数理天文推算以及先进的宇宙结构学说等。不过在近年的科学史研究中，却流行着一种简单否定中国古代天文学成就的风气。比如有学者说，"中国古代天文学不是一种自然科学，而是出自探索自然奥秘的好奇心的人，在中国古代迄今尚未发现，史料上也找不到支持这种情形的证据""中国古代天文学是为皇权政治服务的，是政治占星术，而不是科学"。

无独有偶，这种认识在国外学者中也颇有市场。如法国学者马伯乐认为中国天文学的历史很短，直到公元前 6 世纪，中国天文学还没有产生。另一个法国人德伦贝尔也说："中国历史虽然长，但天文学简直没有在中国发生过。"英国三一学院院长更如是诬蔑中国古代天文学："这是一个从来不晓得把自己提高到最低水平科学推理的民族；他们是迷信或占星术实践的奴隶，一直没有从其中解放出来；即使散布在他们史书中的古代观测记录是可靠的，也从来没有一个人去注意。中国人并不用对自然现象兴致勃勃的好奇心去考察那星辰密布的天穹，以便彻底了解它的规律和原因，而是把他们那令人敬佩的特殊毅力全部用在对天文学毫无价值的胡言乱语方面，这是一种野蛮习俗的悲惨后果。"

让我们看看什么是胡言乱语。

无论中外，历史上的天文学都与哲学、宗教和伦理紧密联系在一起，并不存在纯而又纯的天文学。如果忽视这点，过分夸大中国古人理性的"特殊性"以及中国古代天文学服务时政的功能，而将古代天文学简单贬斥为"伪科学"，显然是不周全的。

一、科学和"伪科学"需理性界定

关于什么是科学，有很多定义。但判定科学的唯一标准应看它是否反映自然界的客观规律，而不是科学家的信仰、科学的用途及服务对象等因素。"伪科学"论者喜欢拿西方的例子做比较，那我们就看看西方历史上科学家的情况。

众所周知，西方古代乃至近代的很多科学家都是有神论者，都强调为上帝服务。如哥白尼为认识"神的智慧"而潜心研究宇宙星体运动的规律，提出宇宙以太阳为中心是出于创造主的"神意"；布鲁诺既是僧侣又是神学博士，他将"日心说"解释为神性的象形文字；牛顿认为自己负有重要的神学使命，"要证明神的造物之功"，将宇宙的原动力归结为上帝的作用。这些例子足以表明，西方天文学与宗教有着千丝万缕的联系，但这并不妨碍他们研究的对象是自然的客观规律，他们的工作为人类科学知识的进步做出重要贡献。

同样的道理，我们不能因为中国古代从事天文学研究的官员曾为当时的皇权服务，就否定他们所从事工作的科学性或科学价值，故而"中国古代天文学是为皇权政治服务的就不是科学"（《中国哲学问题发展史》）的结论显然也难以成立。换言之，无论科学家信仰什么宗教，为谁服务，只要他们仍然是在探索自然，而且得到了符合自然规律的科学，就不能否定其工作与成果的科学性。

还有学者试图从理性与非理性区分的角度论证中国古代天文学非科学。在他们看来，科学分为"理性科学"和"博物科学"，中国古代只有博物学而无理性科学。事实上，基于逻辑推理的几何的定理证明需要理性，基于古代中国传统数学思维方法的机器证明也需要理性；证明哥德巴赫猜想需要理性，李时珍研究医药的疗效也需要理性；数理天文学"独特的推算方法"需要理性，天文观测的推断也需要理性。要之，包括数理科学、博物科学、实验科学及工艺技术在内的任何科学都需要理性，并不存在非理性或反理性的"科学"。可见即使从"中国古代天文学是博物学"的前提出发，也不能得出它不是科学的结论。

二、"梨树"上是怎样结出"苹果"的

"伪科学"论者试图将中国古代"理性科学"匮乏的原因落实到社会生产方式上："中国古代是农耕社会，没有产生理性科学的基因。只有海洋国家才有产生理性科学的基因，就好比梨树上结不出苹果。"事实真是如此吗？让我们不妨看一看"梨树"上是怎样结出"苹果"的。

唯物史观告诉我们，人类的生产生活是科学产生、发展的基础和充要条件。其实中国古代并不是单纯的农耕经济，也不是单纯的农耕社会。即使在农耕活动中，同样可以产生发达的古代科学。想必没人否认，中国古代天文学数千年来就被成功地用于农业生产，迄今仍在很大程度上指导着农耕活动。某种意义上甚至可以说，没有中国古代天文学，就没有辉煌的中国农耕文明，也就很难产生博大精深的中华传统文化。

古代天文学的重要应用领域之一是航海，中国古代的精密数理天文学，应与航海需要不无紧密关系。古代中国不是海洋国家，但航海传统可谓源远流长。据史书记载，战国时期的中国人就已发明具有指向功能的"司南"。15世纪以前，中国的远洋航海和天文航海科学领先于世界其他许多海洋国家，在这方面就连古希腊也望尘莫及。《吕氏春秋·听言篇》云："夫流于海者，行之旬月，见似人者而喜矣。及其期年也，见其所尝见物于中国者而喜矣！"由此似可推论，先秦时期的人们已可在海上航行"期年"！另据南海考古报

道，中国古代海上丝绸之路始于宋朝。由此可见，中国古代远洋航海历史之久、规模之大、海域之广、里程之长是许多海洋国家所无法比拟的。如此伟大的创举，如果没有丰富的天文航海知识和发达的科技手段作为支撑，无疑是不可想象的。我国新石器时代遗址就出土过玉石制作的天文航海仪器"璇玑"，相当于近代广泛使用的天文航海仪器六分仪。据《汉书·艺文志》载，西汉时的导航占星书籍已有《海中星占验》等136卷。凡此种种，都是当时天文学发达的有力证据。

不仅如此，中国古代天文观测记录也是世界天文学史上最系统、最完整的资料。《诗经》中记载了公元前776年的日食；《汉书·五行志》所书公元前28年发现的太阳黑子，是世界上最早关于太阳黑子的记载；《春秋》记载了公元前613年出现的彗星，是世界上最早对哈雷彗星的记录，哈雷在1682年发现该彗星时，我国已二十多次观察到这个彗星，并且都有准确记载。

在天文观测和代数学基础上，中国古人建立了独特的数理天文学理论，其中包括日月星辰运行、节气变化规律、日月食预报、独特的计算方法和精确的计算数据等。南北朝时期的何承天推算的一个朔望月与现代测值相比误差为十万分之一；祖冲之推算的一个回归年与现代测值相比误差为53秒。对于中国天文学取得的这些成就，不知坚持"梨树上结不出苹果说"的学者如何解释？

对于中国古代天文学的精确性质，有学者也有微词，"二十四节气完全可以依靠物候学不用天文学。把二十四节气定到几分几秒对农业生产来说毫无意义"。

这位学者显然不了解中国古代天文历法中的二十四节气是天文学中的定义，是根据地球与太阳特定的24个相对位置的时刻的定义。其中大部分名称与动植物生长周期的物候学无关，如立春、春分、立夏、夏至等。定义的精确度是当时世界上任何国家望尘莫及的，这种精度具有重要的科学意义，而不在于它是否对农业生产有什么实际意义。

有的学者说："中国古代天文学彻底垮台了。"

在自然科学史上，新陈代谢，一种学说被另一种学说取代是很正常的事，如哥白尼的日心说取代古希腊托勒密的地心说；康德—拉普拉斯的星云说取代古希腊亚里士多德的宇宙不变说；伽利略、牛顿的力学取代古希腊亚里士多德的力学；维萨里的人体解剖学取代古希腊盖伦人体结构学说。但人们总以崇敬之心看待古希腊的这些科学，毕竟它们在科学史上发挥过重要的作用，世界上从来没有永恒的真理，不必恶狠狠地诅咒它。

中国古代天文学又怎么样呢？

说中国古代天文学彻底垮台，其实中国古代天文学所创造的辉煌并没有消失。中国古代天文学创造的二十四节气还印在日历上，并且申遗成功；中国古代天文学创建的赤道坐标系还在现代天文学中运用（古希腊的黄道坐标和古阿拉伯的地平坐标均被淘汰）；中国古代的星图对现代天文观测仍有参考价值；更令那些要推翻中国古代天文学的学者沮丧的是，以中国古代天文学家命名的祖冲之星、张衡星、一行星、郭守敬星、落下闳星等星辰还在天空闪烁着。

三、继承传统科学优秀成果

关于中国古代有无科学的争论，迄今已历时百年之久。这种争论的缘起，与当时的社会背景有关。我们知道，20世纪初的不少有识之士为改造旧中国而提出"民主科学"的口号。为了提倡民主，他们把孔子的学说当作反民主的封建学说进行彻底批判，并提出了"打倒孔家店"的过激口号。这种批判对于当时的民主革命，起过积极的作用。以后中国经过百年之久的改造，已经建立了一个民主科学的国家。今日反思，孔子是中国古代伟大的思想家和教育家，过去对于孔子学说的批判不是历史唯物主义的观点。现在对于孔子的学说还要继续研究和继承，在社会科学领域对于"打倒孔家店"已经进行了反思和纠正。

百年以前的旧中国，在晚清和民国时代确实存在着很多伪科学、反科学的愚昧迷信的传统，在此背景下不少学者遂提出"中国古代无科学"的观点。

这方面的代表，至少有任鸿隽《说中国无科学的原因》、冯友兰《为什么中国没有科学》以及竺可桢《为什么中国古代没有产生自然科学》等文章。应该说，这些观点体现了当时的进步学者（尤其是自然科学家）试图与中国旧文化彻底决裂并对之加以批判的精神，在特定的历史时期的确起到了振聋发聩、唤醒民众的作用。

不过在 21 世纪的今天，随着我们综合国力和科学研究水平的空前提升，我们对传统文化（包括科学技术成就）的认识也应更加全面和客观。这项工作，不仅牵扯到能否还历史以真实面目，更涉及民族自信心问题。如果科学史的真相茫昧不明甚至虚假扭曲，就很可能导致文化上的虚无主义。如果中国古代没有产生科学的土壤，那么怎样解释其中闪耀的科学思想光辉？20 世纪前半期的学者为解决这个"匪夷所思"的"难题"，甚至将其源头追溯至其他国家。比如梁启超、胡怀琛就曾推论《墨经》中的逻辑学源于印度的"因明"思想，方授楚甚至断言："印度科学之发达，自有其相当之原因。古中国则何如哉？中国古代生活简单，工艺制造甚为拙陋，无可讳言也。墨子以前，既未有科学，墨子自身亦无所需要，忽然发明，殊非事理所宜有，故疑其来自印度也。"这种对古代科学的怀疑，无疑是极端缺乏民族自信心的表现，值得今人认真反思。

不妨与科学先进的欧洲比较一下，欧洲也曾经经历过长达千年以上的中世纪的黑暗时期，在这一段时期中，欧洲也曾经有过伪科学、反科学的传统，甚至出现过反科学的残酷事件。但是我们不能因此否定欧洲古代的科学。

回过头来再反思中国古代的科学。时至今日，我们的科学创新在努力汲取西方成就的同时，是继续诋毁和否认中国传统科学的智慧，还是承认和继承发扬其中的优秀成分？讨论至此，我想对于这个长期以来困扰科学史界的问题，答案是不言自明的。换言之，对待历史需要实事求是的理性科学精神，对待中国古代科学的不足之处应该研究和批判，但不要在泼掉脏水的同时倒了孩子。

（本文刊登于《中国社会科学报》2016 年 7 月 26 日）

中国古代自然科学的形而上学基础

中国古代自然科学始于对天的形而上的求索。

1957 年人类第一颗人造卫星上天，在这之前几千年，中国的古人就产生了飞天、嫦娥奔月、孙悟空大闹天宫的遐想。这是神话，是梦想，但是中国古人并没有把飞天的想象停留在神话和梦想之中。据史料记载，两千多年以前，"墨子为木鸢，三年而成，飞一日而败"，"公输子削竹木以为鹊，成而飞之"，还有中国古人发明至今还在玩耍的火箭冲天炮。不必去追究墨子和公输子的鸢鹊是否真正飞起来了，只要知道飞天在中国古代不仅仅是神话，更蕴含着航空航天的科学企望。这是古人由梦想转变到实现的欲望，再到力行的过程。

随着古人很多梦境向现实转变，人类开始了对自然由形而下至形而上的朦胧的哲学思考，由自然神话逐渐进入自然哲学。

中国古代自然哲学始于对天的形而上的求索，并形成了中国古人的世界图式。从先秦的哲人开始就著有《天论》《天运》《天问》，诸子百家都有对天的论述和争鸣。以后历朝历代又有《天志》《天对》《盖天》《浑天》等。从而形成了对天和天学的多种含义。其中主要有三种：神灵的天、哲理的天和客观自然的天，由此对应了三种天学的观念：神学的、哲理的和客观自然。这三种观念有时是互相交叉融合的，有时是独立的，有时是以一种为主。在这三种天学的观念中，以自然科学的观念形成的天学无论在理论上还是在实践上都是最重要、最主要的。自然科学的天学可以应用于神学或哲理之天论中，如占星术、理学，但这并不能因此改变天学作为自然科学的性质。

例如，《天问》是屈原对天的形而上的追问，其中的"天"有多种含义。从自然科学的角度看，《天问》中对自然之天提出了许多近代科学中的猜想。

与中国古代天学密切相关的数学观也有三种类型，作为神学的数学观——神算，作为自然科学的数学观——自然之数，作为哲理的数学观——理之数。

Oh，my God！在西方世界，上帝是宇宙万物之主，是自然的第一推动力。一切关于自然的知识出自上帝，又回归于上帝。

哦！我的天！在中国古代"天"是自然的第一推动力，是万物的主宰，"天"包罗万"象"，这个象就是世界的图式，是天地万物运动变化的模式，也就是海德格尔所谓的"世界图景"。

以下分别论述：中国古代天学观——神之学、理之学、自然之学；天人合一观；中国古代自然的数学化思想。

一、中国古代天学观

1. 中国古代天学之神学观

"天者，百神之大君也。"（《春秋繁露·郊祭》）"天者，万物之祖，万物非天不生。"（《春秋繁露·顺命》）。

以天为至上神的观念起源于古代人类对自然的崇拜，由此衍生出宗教、天象学、占星术、神话传说等。

就神话传说而论。神话主要产生于原始社会，是原始的"混沌文化"，这是人类社会早期对于人自身和自然界的想象性创造，它是美好的、富有想象力的。今人谈起盘古开天辟地、嫦娥奔月、女娲化生万物，谈起古希腊奥林匹斯山上的众神这些被我们今天认为属于神话世界的东西，往往只肯定其文学审美价值，可在远古时代这却是先民对客观世界的认识，并且他们真诚地相信这就是最具有真实性的"科学"。它包含多方面内容，是先民的历史、文学、宗教、哲学以及自然的知识。其中一类神话源于人类对"万物有灵"的宗教信仰，另一种神话传说源于先民对自然现象的猜想、假说和解释，乃至人类对自然界的探索，可以称为自然神话和自然寓言。

"天地混沌如鸡子，盘古生其中。万八千岁，天地开辟，阳清为天，阴浊为地。盘古在其中，一日九变，神于天，圣于地，天日高一丈，地日厚一丈，盘古日长一丈，如此万八千岁，天数极高，地数极深，盘古极长……故天去地九万里。"这是中国古代盘古开天辟地的神话（欧阳询等撰《艺文类聚》卷二，引自《三五历纪》），却蕴含着宇宙膨胀的假说。中国古代的盖天说、浑天说都可以在神话中找到它的原始形态。"天地则阴阳之二气，气中有子，名曰五行。五行者，天地阴阳之用也，万物从而生焉。万物则五行之子。"（李筌《阴符经疏》）还有中国古代彝族一则神话说：阴阳产生其中，青红两气体，按轨道旋转上升……运转不息，由这一运转，就产生了天，也产生了地。这就是先民们对宇宙生成的一种假说，颇像康德的星云假说。

浑沌之死、庄周梦蝶等神话可谓自然寓言，其蕴含自然哲学的寓意。

原始社会生产力水平十分低下，面对难以捉摸和控制的自然界，人们不由自主地会产生一种神秘和敬畏的感情，而一些特殊的灾害性的自然现象，如地震、洪水，还有人类自身的生老病死等，尤其能引起惊奇和恐慌。人们由此幻想出世界上存在着种种超自然的神灵和魔力，并对之加以膜拜，自然在一定程度上被神化了，神话也就由此产生。而将自然之天称为具有主宰作用的上帝，原始宗教从此产生。《尚书·尧典》说："（舜）在璇玑玉衡，以齐七政，肆（遂）类于上帝，禋于六宗，望于山川，遍于群神。"这里的上帝就是天。所以封禅是古代帝王称帝后首先要做的一件事。

由于古人对天的崇拜，所以巫术和天学有千丝万缕的联系，由此派生出占星术、天象学，古代中外莫不如此。中国古代皇朝设置的钦天监既有负责天文测算的功能又有占星的功能；西方古代的天文学与占星术也是联系紧密的，例如大天文学家第谷和开普勒都是享誉欧洲的占星学家。

弗雷泽说："巫术与科学都认定事件的演替是完全有规律和肯定的。所以它们有时可以预见和推算未来的世界。""巫术就这样成了科学的近亲。""但巫术与科学有本质区别，它把幻想的联系当作了真实的联系，注定要失败。只有当人类用科学来取代巫术时，人类的愿望才能逐步实现。"

2. 天学——自然之学

以客观自然为对象时，天学是自然科学。中国古代天学有观测天文的仪器、观测数据和科学的推算方法，所以中国古代天学堪称"数理天文学"。

春秋战国时期，以天为至上神的观念开始动摇，出现了以天为纯客观的自然的观念。孔子"不语怪力乱神"，对神灵和怪异之事不谈论，但《论语》中提到天的地方有三十多处，这些言论大多不是将天作为神灵谈论的，而是从"客观规律"的意义上谈论"天"，"天何言哉，四时行焉，百物生焉，天何言哉"。荀子则指出"天行有常，不为尧存，不为桀亡""循道而不贰，则天下不能祸"。这些都强调天的客观性和规律性，而不是将它看成主宰人类命运的神灵。张载说："太虚无形，气之本体，其聚其散，变化之客形尔。""太虚"可谓天，可谓宇宙。其中气（物质）聚散和变化是物质的客观属性，这是十分深刻的科学结论。他还提出："地在气中，地有升降，日有修短。地虽凝聚不散之物，然一气升降其间，相从而不已也。"

自然科学知识是古代唯物主义自然观的基本来源，并提高到世界观、方法论乃至哲学的高度，进行唯物主义的概括和总结。例如，早在春秋时期的《管子·形势》篇说："天不变其常，地不易其则，春夏秋冬不更其节，古今一也。"表明了管子的唯物主义思想和天文知识的联系。战国时期杰出的唯物主义哲学家荀况，以日月星辰等天体运行具体固定规律的天文知识为依据，提出"天行有常""制天命而用之"的著名命题，并且据以批判占星术一类的迷信邪说，对于后来天文学逐渐摆脱占星术起了积极的作用，直接推动了天文学的发展。

东汉唯物主义哲学家王充批判打雷是老天爷发怒的迷信观念，说明雷实际是火，就用了客观"证验"的方法。他通过对打雷的闪电现象、被雷击折的树木和烧焦的尸体等多方面的观察、分析，总结性地说："夫论雷之为火有五验，言雷为天怒无一效。然则雷为天怒，虚妄之言。"（《论衡·雷虚》）这是通过各种验证而做出的推论性的结论。当时限于科学水平，王充不可能懂得打雷是一种放电现象，但他讲的"雷是火"的看法是对天学中的神学观点的一种批判，是对雷电现象所做的理性的"证验"和更为科学的说明，在科学史和哲学史上都是有积极意义的。

王充对于江涛形成原因进行了论证。《论衡·书虚》篇记载史书的一个传说，吴王夫差错杀了大将伍子胥，并将其尸体投于江中。伍子胥死后心怀愤怒和怨恨，在江里"驱水为涛，以溺杀人"。王充以屈原、申徒狄怀恨含冤蹈河而死，江河却不起波涛，通过一系列的论证，王充得出了江涛是"无神之验"（《中国哲学问题发展史》）的结论。王充又从科学的角度分析江涛的成因，他说，江的入海口"殆小浅狭，水激沸起，故腾为涛"，江涛的形成和江口狭窄、江底浅有关，而江涛的起因是："涛之起也，随月盛衰，小大满损不齐同。"直接和天上的月相圆缺变化有关。这是十分出色地运用理性的科学观点进行的论证。

南北朝时期伟大的数学家、天文学家祖冲之为推动中国古代天学由神学向自然科学的转化做出了重要贡献。祖冲之研究天文学不循古人之法，推算岁差、五星会合周期开数百年来之先河，著《大明历》。推算的每一回归年，跟现代科学测定的相差只有 53 秒。"非有频年测候深有得于心者不能也。"（《历议》）然而孝武帝召集保守的大臣批判他搞"伪科学""诬天背经""离经叛道"。祖冲之毅然不顾世俗之惊写了著名的《驳议》，申明"愿闻显据，以窍理实""浮词虚贬，窃非所惧"，针锋相对地予以痛斥。他坚持真理，反驳说不能信古而疑今，"天体运行，有形可检，有数可推，非出神灵"。但该历法仍被朝廷封禁至祖冲之逝世十多年以后才开禁。祖冲之和哥白尼、布鲁诺、伽利略具有同样的科学求真精神，在世界科学史上留下了可歌可泣的一页。祖冲之探索自然奥秘的精神和成就震撼了世界近代科学界和民众，为此在天空中命名了一颗"祖冲之星"，月亮上命名了一座"祖冲之山"，国内有祖冲之学校、祖冲之博物馆，这是中外学者所公认的祖冲之和中国古代科学的光辉成就。

明末清初的王夫之说："盖格物者，即物以穷理，唯质测为得之。""格物"就是研究客观规律，并通过"质测"而形成理。

中国古代历史上的很多思想家如孔子、管子、荀子、王充、王夫之等用客观自然规律去反驳神学论，促进中国古代神学的自然观向理性的自然科学观转化发展，促进中国古代天学由神学向自然科学的转化和过渡。

3. 天学——理之学

"宇宙之间，一理而已。天得之以为天，地得之而为地。"（《朱子语类》）

"尽其心者，知其性也，知其性，则知天矣。存其心，养其性，所以事天也。"（《孟子》）

以天为哲学之天、义理之天的观念在春秋战国时期即已萌芽，比较有代表性的是孟子的性天合一的天道观。孟子认为，天具有道德属性，人类的道德观念都是天赋予的，人类通过努力，可以达到性天合一的境界。宋明儒家把义理之天进一步深化为理学，把天作为义理之天和哲学本体。他们所谓的天即天理，无论自然现象还是人类社会，都由天理主宰，它"推之四海皆准"，是宇宙背后的动因，人的道德也是"天命所命"。"天地之间，有理有气。理也者，形而上之道也，生物之本也；气也者，形而下之器也，生物之具也。是以人物之生，必禀此理，然后有性，必禀此气，然后有形。其性其形，虽不外乎一身，然其道器之间，分际甚明，不可乱也。"

以上所论古代学说中这三种意义的天学，即神灵意义天学、客观自然意义天学以及哲理意义的天学，有时是各自独立的，有时是交叉融合的。屈原的《天问》中的"天"就有多种含义，包括神灵的天、哲理的天和客观自然的天。虽然《天问》中荟萃了大量的神话传说，但诗人的思绪并没有停留在神话传说上，不是单纯地复述和保存这些神话传说，而是超越神话的思维追究第一次推动，试图在对各种神巫灵怪的美丽传说的怀疑中探索出真相与本质来。

二、天人合一观

"诚者，天之道也，诚之者，人之道也。"（《礼记·中庸》）

"天人之际，合而为一。"（《春秋繁露·深察名号》）

天人合一在儒家学说中可谓"自然人化"或"人格化自然"。认为人只要发扬"诚"的德行，即可与天一致。汉儒董仲舒则明确提出"天人之际，合而为一"，这是两千年来儒家思想的重要观点。

"人法地，地法天，天法道，道法自然。"（马王堆出土《老子》乙本）天人合一在道家学说中是"人的自然化"。即表明人与自然的一致相通、和谐统一。其实在儒家学说中也不乏这种思想，例如《朱子语类·卷一五》中记述："非其时不伐一木，不杀一兽，不杀胎，不殀夭，不覆巢，此便是合内外之理。"

天人合一首先是由庄子提出的，"天地与我并生，万物与我合一"。庄子的神话寓言更蕴含了深刻的天人合一的思想。

"昔者庄周梦为蝴蝶，栩栩然蝴蝶也，自喻适志与！不知周也，俄然觉，则蘧蘧然周也，不知周之梦为蝴蝶与？蝴蝶之梦为周与？周与蝴蝶，则必有分矣。此之谓物化。"（《庄子·齐物论》）

南海之帝为倏（shū），北海之帝为忽，中央之帝为浑沌。倏与忽时相遇于浑沌之地，浑沌待之甚善，倏与忽谋报浑沌之德。曰："人皆有七窍以视听食息，此独无有，尝试凿之。"曰凿一窍，七日而浑沌死。（《庄子·应帝王》）

两千多年前的庄子就用这则寓言警示后世的人类，自然界是不可能被完全认知的，更不可按照人类的意愿肆意雕琢开发。这是从反面给予人类以"天人合一"的启示。

中国思想史上，"天人合一"是一个基本的信念。季羡林先生对其解释为："天，就是大自然；人，就是人类；合，就是互相理解，结成友谊。西方人总是企图以高度发展的现代科学技术征服自然掠夺自然，而东方先哲却告诫我们，人类只是天地万物中的一个部分，人与自然是息息相通的一体。"但季羡林这种在天人的关系上把东西方截然分开有一定的片面性。

三、中国古代天学之时空观

1. 宇宙空间的无限性

中国古代关于宇宙在时间上的无限性，早在墨子时代就提出："宇，弥异所也。"（《墨经》）空间是无限的，没有固定的界限（李全华，1998）。

宇宙空间的有限或无限问题，中外古今，都存在着矛盾和争论。从认识论的角度看宇宙无限性的内在矛盾就是无限和有限的统一，可谓："至大无外，谓之大一；至小无内，谓之小一。"（《庄子·天下篇》）

中国古代的盖天说、浑天说都假设有一个天穹存在，其上镶嵌着亮晶晶的星辰，而且有可以计算的界限。

然而张衡却并不认为这就是宇宙的大小："过此而往者，未知或知也。未知或知者，宇宙之谓也。宇之表无极，宙之端无穷。"（《张河间集·灵宪》）这里反映了张衡十分深刻的时空无限的观点。

宣夜说是主张宇宙无限的。"天了无质，仰而瞻之，高远无极。"（《晋书·天文志》）晋朝虞喜提出安天论，"天高穷于无穷"（《晋书·天文志》）。宣夜说和安天论都否定天穹的存在。

宋代的理学家大多持宇宙有限论的观点。邵雍的先天象数学："物之大者，无若天地，然而亦有所尽也。"（邵雍《皇极经世·观物内篇》）自幼对宇宙问题充满好奇心的朱熹说："气外更须有躯壳甚厚，所以固此气者。"

（《朱子全书·天地》）

明代的杨慎对于宇宙空间的有限和无限产生了极大的思想矛盾："朱子遂云，天外更须有躯壳甚厚，所以固其气也。天岂有躯壳乎？谁曾见之乎？既自撰为此说，他曰遂因而实之曰：北海只挨着天壳边过，似曾亲见天壳矣。"（章潢《图书编·天地总论》）"天有极乎？极之外何物也？天无极乎？凡有形必有极。"（杨慎《升庵集·辨天外之说》）

唐代学者柳宗元在回答屈原《天问》而写的《天对》中，对于宇宙无限性有十分深刻的见解：

"无极之极，漭弥非垠。"
"无中无旁，乌际乎天则？"
"东西南北，其极无方。"
"夫何鸿洞，而课校修长？"
"茫忽不准，孰衍孰穷！"

由此可见，柳宗元的宇宙无限性的思想是十分丰富的，而且提出"无中无旁，乌际乎天则"，认为宇宙没有中心，这点认识比哥白尼、牛顿、康德都高出一筹。哥白尼和牛顿都认为太阳是宇宙的中心，康德虽然明确指出宇宙是无限的，但他也认为宇宙有一个中心。这是很不彻底的无限观，因为真正无限的宇宙是不可能有什么中心的。

2. 宇宙在时间上的无限性的论述

关于宇宙在时间上的无限性，中国古代早在墨子时代就提出"久，弥异时也"（《墨经》）。时间是无限的，无始无终，而且没有相同的时刻（李全华，1998）。

"有始也者，有未始有始也者，有未始有夫未始有始也者。有有也者，有无也者，有未始有无也者，有未始有夫未始有无也者。"（《庄子·齐物论》）

这是庄周自然哲学中的宇宙无限论，即宇宙无论以什么时间为起点，在这起点之前就有时间了。

从战国时代的邹衍开始，就把历史描绘成"五德终始"的大循环。汉代董仲舒，进一步把这大循环思想推广至自然界，这是董仲舒"天人感应"体系的很重要的一个方面。后世的儒家发展了大循环论，并从佛教吸取了轮回思想，形成宇宙大循环的宗教神学理论。

中国古代自然哲学中源于佛教的宇宙大轮回思想影响广泛，"所有一切世界，皆悉具四种相劫……连环无端"（《书蕉》，转引自《古今图书集成·乾象典》卷七）。脍炙人口的《西游记》第一回写着宇宙时间的大轮回：

> "盖闻天地之数，有十二万九千六百岁为一元。将一元分为十二会……每会该一万八千岁……若到戌会之终，则天地昏蒙而万物否矣。再去五千四百岁，交亥会之初，则当黑暗，而两间人物俱无矣，故曰浑沌。又五千四百岁，亥会将终，贞下起元，近子之会，而复逐渐开明。"

宋代"先天象数"的神秘主义者邵雍，发挥了佛教轮回思想，邵雍以神秘主义"象数学"来推算："易之数，穷天地始终。或曰：天地亦有始终乎？曰：既有消长，岂无始终？"（邵雍《皇极经世·观物外篇》）而得出宇宙有限的结论。

后世王夫之批判这种循环论观点："天地本无起灭，而以私意灭之，愚矣哉！"（王夫之《张子正蒙注·大心篇》）

比王夫之略晚的戴震（1723—1777）则概括宇宙的无限发展为："气化流行，生生不息。"（戴震《孟子字义疏证》）物质守恒，因而宇宙永无终始，这是坚持物质第一性的自然观。

在元代一本叫《琅嬛记》的书上，有一则小故事，十分深刻地反映了宇宙无始无终的思想：

"姑射谪女问九天先生曰：天地毁乎？曰：天地亦物也，若物有毁，则天地焉独不毁乎？曰：既有毁也，何当复成？曰：人亡于此，焉知不生于彼？天地毁于此，焉知不成于彼也？曰人有彼此，天地亦有彼此乎？曰：人物无穷，天地亦无穷也。譬如蛔居人腹，不知是人之外，更有人也；人在天地腹，不知天地之外，更有天地也。故至人坐观天地，一成一毁，如林花之开谢耳，宁有既乎？"

3. 时、空、运动的统一性

关于物质、时间、空间和运动的统一问题，中国古代《墨经》就论述了时间同空间的联系，以及时空同物质和运动的联系。《经上》说："动，或（域）徙也。"《经说》的解释是："动，偏祭（际）徙者，户枢，兔，蚕。"这就是说，运动是物体所处的空间区域的界限（偏际）的迁移和变化。例如，门窗的开关、兔子的跳跃、蚕体的蠕动，都是通过空间界限的变化而显示出它们的运动。而空间界限的变化，又是和时间相联系的。《经下》说："行修以久，说在先后。"《经说》的解释是："行者必先近而后远。远近，修也；先后，久也。民行修必以久也。"人走路（运动），先近后远，经过一段空间距离（修），也必须经过一段时间（久）。可见，运动和时间有不可分割的联系。《墨经》又进一步说明时间和空间的依赖关系。《经下》说："宇或徙，说在长宇久。"《经说》云："长宇，徙而有处。宇南宇北，在旦有（又）在暮：宇徙久。"这段话的大意是：正是物体从一个区域迁移到另一个区域的这种运动，才显示出空间（宇）的广延性，所以叫"长宇"，没有物体的运动也就显示不出空间的特性。物体在空间的运动，又必须伴随着时间上的持续性，这就是"长宇久"。例如，一个物体的运动，在空间上从南到北，在时间上可能要从早到晚，这样"长宇久"也就是"宇徙久"。这就是墨子关于时间、空间、物质和运动具有不可分割联系的论述。

四、天数——中国古代自然的数学化和数字化

自然科学的数学化是自然科学由具象过渡到抽象，由感性过渡到理性的重要过程。

与天学类似，中国古代数学因其应用的对象不同而有三种类型，神性的、哲理的和客观自然的。但以第三种客观自然的类型为主，即中国古代数学主要是客观自然的数学化工具，故有"自然之数"一说。中国古代数学的很多成果是出自天文的计算，这就是中国古代天文学之所以能成为数理天文学的重要原因。中国古代数学是解决实际问题的工具，也主要体现为自然的数学化工具。

1. 中国古代自然世界数学化的思想

《老子》说："道生一，一生二，二生三，三生万物。"古希腊毕达哥拉斯学派则认为，"万物的始基是'一元'，从'一元'产生'二元'"，进而产生四种元素"水、火、土、空气"，进而产生了整个世界。老子主张"道生一"与毕达哥拉斯学派从一派生出整个世界来有异曲同工之处。

"宇宙虽广，可以一术齐之矣"（《新唐书》卷十七其十一《日蚀议》），宇宙的一切都可以用数学来表示，体现了中国古代自然世界数学化的思想。

南北朝时成书的《孙子算经》序言中说："夫算者，天地之经纬，群生之元首，五常之本末，阴阳之父母，星辰之建号，三光之表里，五行之准平，四时之终始，万物之祖宗，六艺之纲纪。"秦九韶认为，"数与道非二本。"李冶的论述："彼其冥冥之中，固有昭昭者存。夫昭昭者，其自然之数也。非自然之数，其自然之理也。"数学是自然之数、自然之理的反映，数学是一切物质和精神的本源，即"万物皆数"。而刘徽关于数学作用的观点"穷纤入微，探测万方"，体现了中国古代数学作为自然世界数学化工具的传统。

刘徽认为数学来源于客观自然世界的空间形式和数量关系："至于以法相传，亦犹规矩、度量可得而共，非特难为也。"规矩是古代画圆、画方的工

具，这里代表空间形式。度量就是度、量、衡，代表数量关系。刘徽的话不仅说明了数学的对象和来源，而且体现了我国古代数学融几何、代数于一体的特点。

中国古代数学以定量研究为主，以计算为中心，采取以术文统率自然问题集的形式。代数学特别发达，长于算法理论的研究，形成了与古希腊以欧几里得《几何原本》为代表的公理化体系迥然不同的风格。中国数学起步的时候，即有当时世界上最先进的十进位制记数法和最先进的计算工具算筹，使古代的计算数学在中国得到充分发挥而长于实际应用。十进位制、二进位制、无理数的计算、负数、无穷小、无穷大、极限等数学概念的建立都大大领先于世界，由此中国古代产生了数学是无所不能的思想，故有自然之数，其自然之理之说。这就是一切皆数，也是自然的数学化的学说在古代中国发展的基石。这正是中国古代数学的伟大之处，也正因此中国古代才实现了领先于世界的圆周率、吕律和天文学的计算。

《老子》说："无名天地之始，有名万物之母。"刘徽的同代人王弼说："一数之始而物之极也。"刘徽受此影响提出："少者多之始，一者数之母。"这就把任何数都看成与一有公度的。因此，可以自由地求无理根的近似值而不必考虑哲学上的困难。许多事物往往是利弊相辅相成，刘徽求微数的意义固然重大，却永远关闭了在中国独立发现无理数的大门（郭书春，1988）。

负数的引入是数系的一次大扩充，是数学发展过程中的重大事件，在公元前 1 世纪中国就引入了负数。《九章算术》在线性方程组消元时就引入了负数，提出了"正负术"即正负数加减法则。刘徽进而提出了正负数的定义："今两算得失相反，要令正负以名之。"在欧洲直到 16 世纪甚至 19 世纪还对负数的合理性提出怀疑，不可思议。

对无限的认识，是数学哲学的重要问题。刘徽在世界上第一次把无穷小分析应用于数学证明。刘徽在证明圆面积计算公式的过程中运用割圆术及无穷小量求和，这是极限思想和微积分方法的体现。

中国古代数学神创的观点有所谓"河出图、洛出书"的神话，到13世纪秦九韶提出"河图洛书阐发（数学的）秘奥"的看法。但是就是秦九韶本人也认为"数术之传，以实为体"，他提出的81个问题，绝大多数比他以前和同时的著作更加密切联系客观自然的实际，复归到《九章》的传统和刘徽的观点。

2. 世界图式的数字化——世界最早的二进制编码

成书于殷周时期的古书《周易》中，用阳爻"—"、阴爻"- -"的不同排列构成"四象"（每次取两爻）、"八卦"（每次取三爻）和六十四卦（每次取六个爻），这被认为是世界上最早讨论排列的书。如果把阴爻看作"0"，把阳爻看作"1"，则"八卦"正好是二进位制记数法的0到7，而六十四卦则相当于二进位制的0到63这64个数……这就是世界最早的二进制编码。

《周易大传》竭力推崇《周易》古经的卦爻体系作为世界图式功能。《系辞》上说："《易》与天地准，故能弥纶天地。"全书的卦爻体系是天地万物运动变化模式，这正是两千年后20世纪信息科学中的最基础的数字化技术的思想。

《周易》于1626年传入西方，该书相继被译成多种欧洲文字。但最初使《周易》在西方产生较大影响的仍当推莱布尼茨和西方的传教士白晋讨论《易经》的信。

莱布尼茨在信件中论述了关于易卦二进制原理的发现，首次昭示了东方古老思想与西方现代科学之间的超时空的贯通一致，难怪西方学者称之为"科学史上一个奇特的问题"。

莱布尼茨从青年时期开始就设想能以数字为基础去建立一种新的演绎逻辑，使之具有和数学原理一样精确、简便的特点。1677年，莱布尼茨写了《通向一种普遍文字》一文，从哲学上提出符号逻辑思想。

正是在上述思想导引下，莱布尼茨于1679年完成了科学史上的一篇重要论文《二进制算术的阐述》。该文创立的二进制算术为计算机原理奠定了基础。也正是由于上述两个重要发现，莱布尼茨本人亦被尊为"数理逻辑的创始人"和"计算机之父"。

大约在 1697 年 10 月以后，莱布尼茨开始和当时在清代朝廷工作的法国神父白晋（1655—1730）通信。1701 年，白晋从北京寄给莱布尼茨两个《易》图。莱布尼茨发现其中卦的排列顺序与他在 1679 年发明的二进制原理是一致的：六十四卦图像中的两个基本符号阳爻（—）和阴爻（– –）对应于二进制算术中的两个基本符号 1 和 0，可以用 1 和 0 代替"—"和"– –"，使后者完全转译为前者。莱布尼茨后来提到这一发现时指出："《易经》，也就是变易之书，蕴藏在六十四卦中的哲学秘密，恰恰是二进制算术，阴爻– –就是 0；阳爻—，就是 1。这个算术提供了计算千变万化数目的最简便的方式。"由于周易卦图印证了他早就发明了的二进制算术的正确性和可靠性，因而促使他两年后将上述论文公开发表于《皇家科学院论文集》。

莱布尼茨用数学方法论解说《易经》时得到的这一重大发现自然使他感到惊异，他由此推测伏羲在其推演的八卦中曾使用二元算术。

因为《易经》至少是公元前两千年的作品，所谓以"八卦定吉凶"，把宇宙生成变化和社会人事的吉凶直接联系起来，宣传八卦的神机妙算作用，属于神秘主义的伪科学思想。然而，《易》卦排列组合顺序与二进制算术的排列顺序之间不谋而合，这个事实本身不仅表明了中国先民令人赞叹的深邃智慧，而且雄辩地证明了《易经》符号系统是有其科学性的。

古代"科学奥林匹克竞赛"

中国古代的文化在世界文明史中占据着重要的地位，科学技术是文化的重要支撑，无论现代还是古代，如果没有发达的科学技术，也不可能有文明的发展。可以设想，如果中国没有造纸术，没有活字印刷术，没有数学、天文学、医学、农学等科学技术的进步，也就不可能有古代文明的发展。科学技术是构建社会文明大厦的重要基石之一，所以科学文化包括科学技术是文化的重要组成部分。

中国古代的科学在世界上处于什么地位呢？美国学者罗伯特·坦普尔在著名的《中国，文明的国度》一书中曾写道："如果古代有诺贝尔奖，毫无争议，中国人将会囊括所有的奖项。"这未免过誉，却反映了中国古代科学技术在世界上领先的地位。

我们不妨设想，如果古代有一个"科学奥林匹克竞赛"，中国会获得多少"科学奥赛"的金牌？

在中国古代很早以前就发明了指南针、火药、造纸术、活字印刷，但并列为中国古代的四大发明则是首先由欧洲人提出并且认为这四大发明是对世界文明最大的贡献。此前中国人自己并没有想到四大发明的词语，也没有形成这四大发明对世界文明做出了贡献的想法。这一观念最早也是西方人提出来的。其实，中国古代有很多发现和发明与这四大发明相比，其科学意义更重大。

有的人对于中国古代的科学缺乏全面的认识，比如古代的勾股定律，经常有人这样来理解：把商高勾三股四弦五当作中国古代的勾股定理。显然这不具有普遍原理上的意义，并由此得出结论："勾股定理不是学理性的构建。"并继而发挥："中国古代的科学缺乏理性。"

但是在商高的勾三股四弦五之后，陈子就提出了具有普遍原理意义的勾股定理。

《周髀算经》记载公元前六七世纪陈子关于勾股定理的解释：若求邪（斜）……勾股各自乘并而开方除之得邪。这是世界上第一次提出的对于直角三角形具有普遍原理意义的勾股定理。所以这是勾股定理获得的"科学奥林匹克竞赛"的世界金牌。其科学意义远远超过了四大发明。

100多年以后，古希腊的毕达哥拉斯才提出了勾股定理，但同时给出了证明，这样毕达哥拉斯提出勾股定理及其证明就打破了陈子的纪录而获得"科学奥林匹克竞赛"世界冠军。中国古代陈子的勾股定理未给出其证明。后来中国三国时代刘徽、赵爽也给出了勾股定理的证明，但是比毕达哥拉斯的证明晚了几百年。

把勾股定理称为商高定理是不恰当的，商高给出的勾三股四弦五在直角三角形中没有普遍意义。在毕达哥拉斯之前，陈子提出了具有普遍意义的勾股定理，所以在中国的文献中称之为勾股定理，名副其实。

体育的世界纪录经常被刷新，科学的成果也在不断地更新。勾股定律的发展过程也是如此。

因为人类最早接触的和要计算的平面几何图形是直角三角形，所以很多文明古国都提出过勾股定理。重要的不在于名称之争，关键在于了解，中国古代关于勾股定理并没有停留在商高给出的勾三股四弦五，而有一个理性的发展过程，把中国古代的勾股定理说成是非学理性的，不符合实际情况。

关于浮力定律也有争论。《墨经》中有这样两句话：

"荆之大，其沉浅，说在具。"

"沉，荆之贝也，则沉浅，非荆浅也。"

上述关于浮力的叙述中，"荆"同"形"，"具"是平衡的意思，第二句中的"贝"是"具"之误。以上两句话，如果翻译成白话文综合起来理解，意思是：形状大的物体，其沉入水中的部分却浅，是因为物体的重量与物体沉入水中（的同体积的水）的浮力相平衡了。

这两句话基本上表达了浮力定律的意思。

《墨经》完成于公元前388年，如果当年举行一场水上的浮力定律"科学奥林匹克竞赛"，墨子可以稳拿冠军。阿基米德更为明确的浮力定律是公元前245年发现的，在墨子提出的浮力定律143年以后即公元前245年再举行一场水上浮力定律的"科学奥林匹克竞赛"，阿基米德浮力定律就取代了墨子的纪录而成为冠军。

三国时期曹冲称象也表达了浮力定律的意思，大象的重量等于它所排开的同体积水的重量，如果把大象代表成任何一种物体，这个物体可以换成石头，也可以换成铁块、砖头乃至水，那么曹冲称象的浮力原理就是：任何一种物体在水中的浮力等于它所排开的同体积水的重量。

因为曹冲比阿基米德晚出世几百年，曹冲称象并没有突破阿基米德的浮力定律。科学的发现只有第一而没有第二，所以曹冲称象是无法得到浮力定律冠军的。

墨子在物理学和几何学方面，还有很多"奥林匹克"的冠军，而且对于现在的科学仍然有很重要的意义。中国科技大学教授潘建伟说"墨子关于光线的直线传播启发了当代的量子通信研究"，所以我国发射的量子通信卫星命名为"墨子号"。

墨子提出了关于圆的精确的定义："一中同长也。"这使得中国古代，在圆周率、圆面积、圆柱体、圆锥体、球体等计算方面一直领先于世界。所以有关圆的几何学"奥林匹克竞赛"中，墨子、刘徽、祖冲之等数学家都可以得到冠军，而且其科学意义也远远超出了四大发明。

中国古代科学技术还有一个重大的发现，其科学意义超出了四大发明，同样对世界文明做出了重大贡献。这就是音乐周期性的最重要的基础——十二平均律。它是明代的数学家、声学家朱载堉首先建立的。他运用勾股定理，在一个八度音程内算出了十二个音程值相等的半音，创立了十二平均律。如果用数学公式来表示，十二平均律和频率变化之间的关系是一个公比为$\sqrt[12]{2}$的等比数列。为了进行精确的计算，他自制了两层八十一档的大算盘以继日夜进行大量运算，其计算精度达到了二十五位。20世纪80年代美国华裔教授沈柏宏用大型的电子计算机验证了朱载堉的计算结果，他惊讶地说："这的确是个谜，四百年前的人怎么能算得这么精确！"

这个音律系统能够满足任何曲调的需要，可以"终而复始，循环无端"地自由转调。朱载堉建立的"十二平均律"由在中国的传教士传到欧洲。几乎所有的乐器都必须按照"十二平均律"制作，它又是现代声乐曲和器乐曲的基础，如果没有"十二平均律"就没有现代音乐。"十二平均律"既是音乐的成果，从原理上讲，更是物理学声学的成果，所以朱载堉应该获得当年物理学"奥林匹克竞赛"的世界金牌。

在中国古代医学方面，古代没有青蒿素，却有青蒿治病的发明。青蒿治疗疟疾始于公元340年间的东晋葛洪《肘后备急方》，之后宋《圣济总录》、元《丹溪心法》、明《普济方》等著作均有"青蒿汤""青蒿丸""青蒿散截疟"的记载。明李时珍《本草纲目》除收录了前人的经验外，还载有治疗疟疾寒热的实践。清《温病条辨》《本草备要》以及民间，也有青蒿治疗疟疾的应用。所以青蒿治病应该是古代医学"奥林匹克竞赛"的冠军，今有屠呦呦继承中国传统医药学发明青蒿素的成果获得了诺贝尔生理学或医学奖。

中国古代医学使用的以毒攻毒的疗法，就是现代的免疫疗法的一种。1000多年前，为了治疗被狂犬咬伤的病人，就用狂犬的脑髓敷贴在被咬伤病人的伤口上以预防狂犬病的发作。此外，接种人痘以预防天花病的发作。这些以毒攻毒方法都是中国医学最先在世界上发现并付诸实施的预防免疫治疗方法。还有针灸疗法等，中国古代医学可以获得古代医学"奥林匹克竞赛"的金牌数可能是世界第一。

比四大发明科学意义更重大的中国古代科学和技术的发现和发明很多。它们不仅能获得"古代科学奥林匹克竞赛"的冠军，还可能是"古代自然科学诺贝尔奖"的候选者。比如现在世界上唯一使用着的天文学坐标系是中国古代创造的赤道坐标系（古希腊的黄道坐标和古阿拉伯的地平坐标均被淘汰），中国古代创造的二十四节气，还有很多中国古代创造的天文学仪器等等，不胜枚举。这些科学技术成果都是领先于世界的理性的创造。以下分门别类看一看中国古代科学的成就，在"古代科学奥林匹克竞赛"可以获得哪些奖项。

中国古代的数学

我国是世界上最早采用十进位制的国家，是筹算和珠算以及相应的计算工具的创造者。春秋战国时，"九九"口诀在我国已经非常流行，战国时的《墨经》中还提出了点、线、方、圆等几何概念的定义。我国最早的数学著作《周髀算经》（成书不晚于公元前 1 世纪），给出了勾股定理的一般形式，并有了比较复杂的分数运算。汉代成书的《九章算术》是我国数学体系形成的标志，它包括算术、初等代数、初等几何等方面的内容，通过 246 个应用题及其解法，以理论与实际相结合的原则，形成了独特的体例。

圆周率的研究是我国古代数学的一项重大成就。公元 263 年，刘徽（225—295）在注释《九章算术》时，创造了割圆术，求得 $\pi = 3.1416$，他还提出了初步的极限概念。南北朝时的祖冲之（429—500）求得 π 值在 3.1415926

到 3.1415927 之间，他所提出的密率为 355/113，是分子分母不超过 1000 的 π 值最佳渐近分数，比欧洲要早 1000 年。

我国古代的代数学水平较高。在《九章算术》中，已经提出了负数的概念，并有了正负数加减法的运算规则，刘徽进而提出了正负数的定义："今两算得失相反，要令正负以名之。"负数的概念领先于欧洲 1000 多年。

《九章算术》有整整一章讲联立一次方程的解法，比欧洲早 1500 多年。书中还记载有开平方和开立方以及一元二次方程的数值解法。1050 年左右，贾宪创造了任意高次幂的"增乘开方法"，比西方类似的鲁非尼、霍纳方法早 770 年。1247 年，秦九韶（1208—1268）发展了增乘开方法，他在《数书九章》中提出了高次方程的数值解法和一次同余式解法。1303 年，朱士杰把《九章算术》中的四元一次联立方程解法推广为四元高次联立方程的解法，他对高阶等差级数的研究也达到了较高的水平。在欧洲解联立一次方程是在 16 世纪才开始出现，近代才有联立高次方程的研究。

魏晋时期，数学得到空前的发展，其最杰出的就是刘徽的《九章算术注》和赵爽的《周髀算经注》。它们都是魏晋时期新学术思想影响下的产物，表现出逻辑严谨性，并且能不以功利为目标，追求纯理论的研究，因而取得奠定中国古代数学理论体系的重大成果。

刘徽是三国时期数学家，数学成果是多方面的。而最重要的，则是他为中国古代数学奠定了理论基础——他向《九章算术》中引入了原书中所缺乏的逻辑环节，例如数学概念的定义，对公式、算法的证明，各种算法之间的逻辑关系。

《九章算术》对所用的数学概念没有做任何定义，对概念含义的理解靠"约定俗成"。在数学中，约定俗成可靠性差，易于对某些概念形成歧义理解。刘徽不仅对自己提出的每一个新的概念，而且对《九章算术》原文中的大量术语也给出定义。如对于幂、齐同（之术）、开方、阳马、"鳖腰术"、"羡除术"、方程、"正负术"、勾股弦等术语给出精确的严格的定义，比较符合关于定义的逻辑和数学的要求。被定义的与定义的概念外延相同，无循环定义，没有"未知"概念，没有使用否定、类比等不清晰的表述。

刘徽注《九章算术》，以证明其中的公式、算法。对《九章算术》的多数算法（"术"）都做了证明或证明提要。在逻辑演绎的前提中，还有一些未加证明的原理和事实，这些原理和事实，可以视为逻辑演绎前提中的"公设"和"公理"。

刘徽《九章算术注》的数学演绎证明以"定义""公理""公设"为逻辑的起点，与欧几里得几何的公理化方法一样，在逻辑上是严谨的。

现代数学微积分的起点是极限的方法，在世界上刘徽第一次把极限思想引入数学证明，证明圆面积的计算公式、圆周率的计算、圆周长等有关圆的计算。其割圆术用圆内接正多边形的边数无限增加的方法割圆，无限增加的极限就是不可割，以证明圆的各种计算公式："割之弥细，所失弥少，割之又割，以至于不可割，则与圆周合体而无所失矣。"使之成为数学方法，这是刘徽对世界数学杰出的贡献之一。

此外，刘徽运用数学证明方法，还在截面积原理、等差数列求和、十进分数等方面取得一些重要的数学成果。

十进分数，即小数的思想：开方不尽数可以退位求其"微数"，即以 10 的幂为分母的分数。而且求的过程可一直进行下去，达到人们需要的精确度。这开启了十进小数的先河，为圆周率计算打下基础。

刘徽重视研究数学知识之间的联系：数学知识之间的逻辑关系可以构成数学的一种理论体系，这是刘徽在这方面研究得出的重要理论成果。《九章算术》本来是一种面向实际问题的应用数学体系，而刘徽利用他所给出的关于数学术语概念的定义作为起点，以他提出的原理为中介，采用演绎逻辑方法阐述出各种数学知识的联系。

他利用"率"的定义和齐同原理阐述的数学知识间的联系是很有意义的。刘徽给出的"率"的定义是"凡数相与者谓之率"，把分数看成两个量相与，从而可以"乘以散之，约以聚之，齐同以通之"，并把率作为数学运算的纲纪来使用。"今有术"——"以所有数乘所求率为实,以所有率为法,实如法而一"——是普遍方法。他用率特别是用今有术注释了《九章算术》的大部分术文(近200问)。他认为,只要能根据问题的数量关系找出各物的率("因物成率"),问题就可归于今有术求解。而"平其偏颇,齐其参差"就是齐同原理。刘徽在注释论证的实践中实施了他上述观点,不仅用齐同原理论证了分数运算、一般比例、连锁比例和比例分配问题,也论证了盈不足术、方程术和勾股、测望类问题解法的正确性。

刘徽《九章算术注》的数学知识形成了独特的数学理论体系,这个体系与《九章算术》的实用体系是并行不悖的。

刘徽注与《九章算术》是一种继承发展的关系。

"万物皆数"的《九章算术》数学观就是把数学应用于各个领域中去的思想,正是由此出发,数学被表述成应用体系。对于这一点,刘徽也是赞同的。表现之一,刘徽在注文中也注意实际应用,例如在"商功"章的有关注文中,对王莽所制标准量器"律嘉量斛"、斗及为当前所用之标准量器"大司农斛"的容积做验算;表现之二,在刘徽自著的《海岛算经》(原为《九章算术》注文所增撰的部分,后单独成书)中,刘徽也选择了实际应用的测望问题,并取得一些杰出的成果:提出几种基本测量方法,解决了一些复杂的测望问题。

其次,刘徽对术的注(证明)或新建的术都表明了《九章算术》的算法化思想也是他的基本数学思想。他的"方程新术"就是很好的算法,他所著的《海岛算经》也是以算法为中心的。刘徽在论证的过程中经常使用数形结合以达到直觉理解。

刘徽注重知识的共性,从"规矩度量可得而共"出发,引出面积、体积、率、正负数等定义;运用出入相补原理、无穷小分割方法、齐同原理等数学方法,使他的数学知识形成了以演绎逻辑为主要证明方法,以率为纲纪,以计算为中心,密切联系实际的理论体系。这个体系"约而能周、通而不黩"。这个体系本身就是一项重要的数学成果。

三国时期的赵爽也是一位中国古代重要的数学家，他用"勾股圆方图注"证明了勾股定理，是中国古代数学理性发展的一个重要标志。而刘徽在《九章算术注》中，只依图形直观及出入相补原理证明了勾股定理。这两个证明是中国古代明确地表述对勾股定理的最早的证明，表现出当时数学界出现了由应用转向理论化研究的倾向。

刘、赵二人不以功利为目的进行纯理论研究的科学思想是魏晋时代学术思想的表现。

以逻辑演绎方法进行理性研究与魏晋玄学清谈所倡导的言辩之风有密切的联系。刘徽在其注的序文中指出，他的宗旨是"析理以辞，解体用图"，这是《庄子》提出的"判天地之美，析万物之理"的体现，而魏晋时的学术思想与庄周的"物物而不物于物"的"超越"精神有紧密的联系。

刘、赵的思想方法与当时的玄学大师是相通的，甚至他们的一些用语也是一致的。嵇康《养生论》有"夫至物微妙，可以理知，难以目识"，刘徽则有"数而求穷之者，谓以情推，不用筹算"，赵爽有"天不可穷而见，地不可尽而观……故当制法而理之"；何晏《列子注》有"同类无远而相应，异类无近而不相违"，刘徽则有"数同类者无远，数异类者无近。远而通体知，虽异位而相从也；近而殊形知，虽同列而相违也"。

魏晋玄谈重名理，因此讲究辩证逻辑的墨家学说又受到人们的重视。在被忽视许多世纪后，晋代建康令鲁胜重注《墨辩》，尤重形名。墨家重定义，"审辨名分"。赵爽在《周髀算经注》中也对原文中的方、矩、广、修、径、隅等概念做了定义。

墨家对"类"这一逻辑范畴十分注意，提出著名的类推原则。刘徽、赵爽的注文中也多次提到"类"，例如刘徽指出"令出入相补，各从其类"；赵爽指出"言不能通类，是情智有所不及，而神思有所穷滞"等。

古代的阴阳八卦揭示二进制数学的奥秘，成书于殷周时期的古书《周易》中，用阳爻"—"、阴爻"- -"的不同排列构成"四象"（每次取两爻）、"八卦"（每次取三爻）和"六十四卦"（每次取六个爻），这被认为是世界上最早讨论排列的书。如果把阴爻看作"0"，把阳爻看作"1"，则"八卦"正好是二进位制记数法的 0 到 7，而六十四卦则相当于二进位制的 0 到 63 这 64 个数。

中国古代的数学门类中，几何学比较薄弱，没有形成体系，三角学也没有建立起来，代数没有产生适当的符号系统，这是我国古代数学的弱点。

中国古代的数理实验天文学

中国古代天文学体系的特点：领先世界的天文观测、现代天文学还在使用的赤道天文坐标系、建立在代数学基础上推算的"数理天文学"以及宇宙无限的时空观。

天文学是从天文观测开始的，天文观测是天文学最重要的组成部分。天文观测从肉眼观测、光学望远镜观测不断发展到如今的射电望远镜、红外太空望远镜观测，其观测的数据、星图可称为"天空博物学"，是数理天文学的基础。那种认为"天空博物学不是科学"的观点是不科学的。中国古代天文观测记录是世界古代天文学史上最系统、最完整的资料，并创造了领先于世界的天文观测仪器。《诗经》里就记载了周幽王六年（公元前776年）的日食；公元前4世纪石申著的《天文》一书，记载有121颗恒星的位置，是世界最早的星表；从公元前就发展出以28宿和北极为基准的赤道天文坐标系统，编制了包括大量星座和恒星的星表；《汉书·五行志》记载了河平元年（公元前28年）三月发现的太阳黑子，是世界上最早的关于太阳黑子的记载；《春秋》记载了鲁文公十四年（公元前613年）出现的彗星，是世界上最早的对哈雷彗星的记录，哈雷在1682年发现它时，我国已经20多次观察到这个彗星，并且都有准确的记载；《宋会要》中记录了1054年宋朝的一次超新星

（我国古代叫"客星"）爆发，现在观测到的蟹状星云就是它的遗迹，到 1700年，我国关于这种新星和超新星共记录了约 90 颗，为现代射电天文学提供了重要资料。我国古代天文学家绘制的星图、星表，在世界上是领先的。三国时吴太史令陈卓所画的星图，共有星 1464 颗；在敦煌发现的我国唐初的星图，绘有星 1350 多颗；苏州石刻天文图（原图绘于宋代 1190 年，刻于 1247年），约有星 1434 颗。而西方在 17 世纪望远镜发明以前绘制的星图，从未超过 1022 颗。在古代天文观测和推算方面，古希腊建立了黄道坐标系，古阿拉伯建立了地平坐标系，而古中国所建立的赤道坐标系是当今唯一仍在使用的天文坐标系。

在宇宙结构理论方面，大约公元 1 世纪提出盖天说，公元 2 世纪则有浑天说与宣夜说。中国古代宇宙论的最大特点是宇宙的发展变化、空间和时间无限、空间和时间统一体的观点，这些都具有现代意义。

中国古代天文学家在天文观测和代数学基础上建立了中国古代独特的数理天文学，包括日月星辰运行、节气变化规律、日月食预报等都有系统的推算原理、独特的计算方法和精确的计算数据。南北朝何承天推算的一个朔望月与现代测值相比误差为十万分之一；祖冲之推算的一个回归年与现代测值相比误差为 53 秒。这样高精准的天文学令否定它的权威们也承认是"数理天文学"，"有独特的推算方法"。

中国古代天文学的另一大成就是天文历法、授时和天文仪器。

我国古代历法大都使用阴阳历。包括年月日、节气、日月五星位置、日月食预报等内容的历法体系，在汉代就已形成。我国历法起源很早，《尚书·尧典》中已有闰的概念，战国时有了二十四个节气。春秋末年的"四分历"，它的回归年长为 365.25 日，比希腊伽利波斯历早 100 多年；南宋的"统天历"回归年长 365.2425 日，比欧洲早 400 年；明末邢云路测得的回归年长 365.242190 日，比现在精确推算出的当时的数值只小 0.00027，远远超出了当时欧洲的精度水平。南北朝何承天制定的"元嘉历"，定一个朔望月为

29.530585 日，与现代测值 29.530588 日相比，精度也达到了十万分之一。

我国古代天文学家在天文观测中创造了许多先进的天文仪器，如东汉张衡发明的水运浑天仪；唐代一行和梁令瓒研制的黄道游仪和浑天铜仪，是一种自动机械计时器；宋代苏颂建造的"水运仪象台"，把观测仪器、表演仪器、计时仪器结合起来，国外有人认为它"很可能是后来欧洲中世纪天文钟的直接祖先"；元代郭守敬于 1276 年创制的简仪，其设计和制造水平领先世界 300 多年。

中华医药学

在世界范围内，古代科学发展至今仍未被西方近现代科学包括西医学取代的唯一学科就是中医学，其原因在于这两种医学在根基上就完全不同。西方医学的理论是建立在解剖学、物理和化学的基础上；而中医学是建立在中国古代哲学的基础上的，并有其独特完备的理论。因此，这两种医学只能互补，而不可能取代。

中华医学有丰富的医药学文献，现存的就有近 8000 种。晋代皇甫谧著的《甲乙经》，是世界最早的针灸专著。我国的针灸 17 世纪时传到欧洲，在世界上有很大影响。最重要的医学专著有公元前 3 世纪的《黄帝内经》和东汉张仲景的《伤寒杂病论》。中药学专著有汉代成书的《神农本草经》，载药 365种；明代李时珍的《本草纲目》（编成于 1578 年）载药 1892 种，方剂 11000个，内容涉及生物、化学、矿物、天文等多种学科，被达尔文誉为"中国古代的百科全书"。《本草纲目》已被全部或部分译成日、英、德、法、俄、拉丁等多种文字，受到国际学术界的广泛重视。

这些中国古代医学药物学书的传世，表明中国在两千多年前就已经形成了一套较完整的中医药理论体系。

中医药经历几千年的发展已经形成了"人体是一个有机的统一的整体"的

观念，在强调人体的统一的同时，以五脏为中心且突出心神的主导作用。天人一体，顺应自然为养生之道。人体以五脏为中心的系统之间，人与自然的关系，皆以阴阳五行作为理论基础。阴阳五行、脏腑经络、气血津液、病因病机等学说，构成了独具中医特色的理论体系，有一整套自己的哲学思想和思维方式。

中医药有成体系的临床诊治方法，包括独具特色的诊断方法，如望、闻、问、切的四诊法和治病法则；包括治未病，治本与治标，扶正与祛邪，正治与反治，因时、因地、因人制宜等治疗法则；以及独具特色的治疗手段，如针灸、推拿、按摩、药石等。

中医药所蕴含的阴阳五行、辨证论治、六经传变等都是中国传统文化的核心思想。而中医药强调的医者仁心、大医精诚则体现着中国传统文化的价值观。几千年中医理论与实践的发展不断汲取中国传统文化精华，形成了鲜明的中医药文化特色。

中国古代的农学和环境生态保护科学和法规

早在四五千年前的新石器时代，我们祖先就对野生动物和植物进行了人工驯养和种植。在长期的农业生产实践中，积累了掌握时令、改良土壤、灌溉施肥、精选良种、嫁接杂交、抗御灾害等一整套农业生产技术，创造了一套比较完整的先进农业工具。如汉初出现的已经有了犁壁的铁犁，汉武帝时赵过制造的可一次完成开沟、下种、覆土三道工序的三脚楼，东汉末年发明的龙骨水车等，都达到了很高的水平。我国的一些优良农作物品种和先进生产技术被介绍到国外，例如养蚕和缫丝技术、飞种茶技术等。

从很早起，我国就出现了有关农业的著述和农业专著。据不完全统计，我国古农书总数达 376 种。其中最著名的有公元 6 世纪北魏贾思勰的《齐民要术》、元代王祯的《王祯农书》和明代徐光启的《农政全书》。尤其是《齐民要术》，内容丰富、资料多，记述详细正确，全书正文共 92 篇，包括各种农作物的栽培育种、果树林木的育苗嫁接、家畜饲养和农产品加工等，涉及农林牧副渔等各个方面，是世界现存的最早最完整的农业科技名著，比世界其他先进民族的记载要早三四百年。

农林牧副渔业与生态环境的保护有着密切的关系，中国古代的哲学家对此就有精辟的论述。老子《道德经》"万物负阴而抱阳，冲气以为和""上善若水，水善利万物而不争"；庄子也提出"天地与我并生，而万物与我为一"。这些观点都反映了人天相和、天人合一的追求，万物相连相通而存在变化。

1975 年，湖北云梦秦墓发掘一批竹简，其中记载的《秦律·田律》规定："春二月，毋敢伐村木山林及雍堤水，不夏月，毋敢业草为灰，取生荔、麛、鷇，毋……毒鱼鳖，置阱罔，到七月而纵之。……邑之近皂及它禁苑者，麛时毋敢将犬以之田。"秦律大意是，春季二月起，不准到山林中砍伐树木，不准堵塞林间山道。不到夏季，不准进山砍柴、野草做肥料，不准采集刚发芽的植物或获取幼兽、鸟卵和幼鸟（掏鸟蛋），不准毒杀鳖，不准设置捕捉鸟兽的陷阱和网罟。到七月，才可以解除上述禁令。其他还有住在牛马之处和其他禁苑附近的人，当幼兽繁殖时不准带着狗去狩猎。当然，制定了严明法令，统治者若带头不遵守，也会成为一纸空文。而在商鞅的强制法律下，领导者带头遵守了法律，这就使得《田律》得以运行下去。但其重要的意义在于它是我国第一部环境保护法。

生命存在与自然环境分不开，如果生态系统失去平衡，人就不能竟其天年，人必须敬畏自然，保护环境。

以上是对中国古代的科学成就的一个非常粗略的介绍。

中国古代的科学在世界上处于什么地位？如果古代有一个"科学奥林匹克竞赛"，中国会获得多少"科学奥赛"的金牌？"如果古代有诺贝尔科学奖"，中国人将会获得多少奖项？

这些问题将不难回答。

国学对科学创新的启示

创新性思维是一种具有开创意义的思维活动，有哲学的引领，就会有更深入的创新活动和成果。它与个人的人文素质密切相关。两千多年前屈原说过"路漫漫其修远兮，吾将上下而求索"，求索就是探寻真善美，就是创新创造。

探讨在中华文化中的"国学对科学创新的启示"是一个既具学术价值，又有现实意义的创新命题。2014年我第一次在湖南大学做了这个报告，引起了听众极大的兴趣。《中国科学报》、科学网、军事网等大型媒体都做了专题的报道，又引起了学术界对于中国古代有没有科学这个百年争论的重新反思。

在建设社会主义强国的征程中，创新已经上升到"国家战略"的高度，被誉为"民族进步的灵魂"。当前在推广中国传统文化的热潮中如何从国学中发掘创新文化是当前学习和研究国学的新问题。

有些人谈起古代先进的科学思想"言必古希腊"，其实中国古代的很多哲学家和教育家都论述了开放创新的思想，对科学和社会的发展起着积极的推动作用，否则中国古代的科技和艺术不可能取得如此令世界瞩目的成就。春秋战国时期以孔子、老子、墨子为代表的三大哲学体系形成诸子百家争鸣的繁荣局面。

以儒家来说，孔孟之道也非仅仅是中庸之道，它包含了丰富开放的科学精神。《论语·子甲》中有"毋意，毋必，毋固，毋我"，即反对保守、故步自封的科学态度。对学问要"博学之，审问之，慎思之，明辨之，笃行之"，其中的"问"是一种怀疑的态度，"辨"是一种批判的精神，"行"是一种实验或者付诸实践的行为。不妨反思一下，用这些论述克服现在学术界还存在的浮躁作风，如否定中华医学、学术造假，从而对我们从事创造性的学术研究提供重要的指导思想。

孟子的"民为贵，社稷次之，君为轻"关于民本主义的论述对当今发扬民主包括学术民主和科学发展都有重要的意义。

道家"判天地之美，析万物之理""一尺之棰，日取其半，万世不竭"等一系列关于辩证法的论证为我们提供了进行科学研究的宝贵的自然辩证法。

墨子既是思想家又是科学家，"巧传则求其故""摹略万物之然，论求群言之比"就是在创新中追求真理、在自然界中追求真理、在各种思想理论中追求真理；其"志行，为也"在实践中追求真理；他的"大故""小故"等逻辑论辩的方法，在现代数学和其他基础科学中也是不可或缺的论证推理的方法。

虽然从秦、汉开始由于统治者在学术思想上的错误政策，学术上百花齐放、百家争鸣的局面被压抑，但历朝历代仍然有很多思想家提出了科学发展的真理观。还有很多科学家和艺术家在进行创造过程中的大胆怀疑、科学批判以及克服险阻的精神都是国学的宝贵财富，对于科学和艺术的创造具有长远重要的启示作用。

先秦时代的孔子就提出"当仁不让于师"，与古希腊哲学家亚里士多德所言"吾爱吾师，吾更爱真理"有异曲同工之妙，即真理面前人人平等，在真理面前没有绝对权威。

孔子还提出"温故而知新，可以为师矣"，如果能在传承的基础上进行创新，这样的人就能当老师了；"举一隅而不以三隅反，则不复也"，举一反三是一种重要而基础的创新方法。由此可见，孔子把老师和学生创新的能力和方法提高到非常重要的地位。我们不仅可以从中国历朝历代的哲学中发现丰富的创新思想，还可以从很多古代文学作品中学习和提高我们创新文化的素养。屈原的"遂古之初，谁传道之？上下未形，何由考之？""日月安属？列星安陈？"这惊天地泣鬼神的《天问》既是一首脍炙人口的文学作品，又是全世界绝无仅有的一篇诗性的科学论文，既体现了屈原大胆的创造精神，又充溢着科学的理性之光。屈原《离骚》中的"路漫漫其修远兮，吾将上下而求索"，无论古代还是现代都激励着千千万万的人去追求真理，去创造。

中国古代的这些创新文化正在一些科研实践中产生越来越重要的影响和启示。

一、青蒿素的发现对科研的启示

2015 年，我国 85 岁的女科学家屠呦呦，因成功提取青蒿素，并对全球抗疟事业做出突出贡献，获得诺贝尔生理学或医学奖。喜闻这一消息，我十分激动。

2014 年，我在湖南大学做学术报告《国学对科学创新的启示》，其中就讲述了青蒿素的发现、研究以及青蒿素对科学创新的启示。青蒿素的发现与研究，不仅仅挽救了全球数百万人的生命，其意义还在于中华医药的发扬光大，让人们重新认识中药，认识其价值。

青蒿，早在长沙马王堆汉墓中就有其作为药物的文字记载。青蒿为常用中药，具有清虚热、除骨蒸、解暑热、截疟、退黄之功效，在中国有两千多年的沿用历史。

青蒿素的研究发现源于 20 世纪 60 年代。当时美越交战，两军都因疟疾严重减员。美国和越南双方都在大力研究治疗疟疾的新药，越南向中国求援。1967 年，毛主席和周总理下令，一个旨在援外备战的紧急军事项目启动，代号为"523"，目的是集中全国医药科技力量，联合研发抗疟新药。由国家科委与解放军原总后勤部牵头，组成"疟疾防治研究领导小组"。1969 年，屠呦呦临危受命，以她为首的中国中医研究院的科学家应邀加入中医药协作组。

经过艰难的攻关实验，屠呦呦课题组终于在 1971 年成功用乙醚提取出青蒿素。青蒿素被国际社会认为是中国继麻黄素之后的第二大医学贡献。2011 年的 9 月 23 日，屠呦呦被授予美国拉斯克临床医学研究奖，她说："青蒿素的发现是中国传统医学给人类的一份礼物。"

那么，青蒿素的发现对科学研究有怎样的启示呢？

启示之一，只有内心自由的人才可能为科学献身，才可能入科学之情。爱因斯坦有一篇文章《自由与科学》，他把自由分为外在和内在自由，内在自由就是内心自由。我国重要的三项科学成果——人工合成牛胰岛素、哥德巴赫猜想的证明和青蒿素，虽然都是在 20 世纪六七十年代研究成功的，当时外在研究条件有限，但是，这些科学家内心有自由，不计名利为科学献身，最终取得如此高水平的科学成果。

启示之二，科学研究的成功需要从传承中进行创新。20 世纪 60 年代，美国在人才、设备、整体科技水平方面远远领先于中国。但在治疗疟疾新药的"奥林匹克"科学竞赛中，竟然是科学大大落后的中国胜利了。所以屠呦呦讲得好，"青蒿素研制成功是中华传统医药学给人类的礼物"。

美国科学界的科学精神是值得钦佩的，青蒿素研制成功后，在屠呦呦获得诺贝尔奖和中国国家最高科学技术奖之前，2011 年，美国就颁发给她一个美国科学的最高奖拉斯克奖。屠呦呦于 2015 年获得诺贝尔生理学或医学奖，继而于 2016 年获得我国国家最高科学技术奖，总算圆了中国国家大奖梦。这也是现代中国科学界的一种进步。

青蒿素是我国医药卫生科学工作者继承祖国医药学遗产，运用现代化科学知识和方法，从青蒿中提取出来的。青蒿素的成功制取借鉴了许多中国传统的中草药医书，例如东晋名医葛洪的《肘后备急方》、元朝《丹溪心法》、明朝《普济方》、明朝李时珍《本草纲目》等。然而这些医书的记载都不是很详细，且没有说明其科学依据，屠呦呦就以这些医书作为重要参考，并从东晋葛洪的处方"青蒿一握，水一升渍，绞取汁服"中找到了灵感，再结合自己的思考和实验，终于成功地提取出青蒿素。如果全盘否定中国古代科学，也就没有今天的青蒿素！

启示之三，青蒿素研究的成功是团队合作攻关的结果。在青蒿素发现过程中，中国科学家发扬集体主义精神，团结合作，不分彼此，打破各个学科相互封闭的传统研究模式。虽然屠呦呦研究员功不可没，但是仅靠其一人，也很难获得成功。

启示之四，实证性（中医药学的循证性）是中国古代科学的重要特征之一，即从实际中提出问题，归纳提取精华，通过多方面实践的验证而形成科学结论。青蒿素的研究正是这种方法，就其实验而言，通过 191 次实验，包括这些科学家不怕牺牲，用自己身体做实验对象，才取得了令世界惊奇而瞩目的辉煌成就！

呦呦赞

"呦呦鹿鸣，食野之蒿。"（《诗经》）

呦呦结缘青青蒿，

受命研究治虐药。

千试百验成正果，

疗疾救世功勋高！

（本文刊登于《湖南大学报》）

二、"当仁不让于师"

湖南大学 20 世纪 70 年代立了一个科研项目"测功机"。测功机是用于测试发动机的机械功的设备，由测功电机和电力电子电路组成。发动机的机械功由测功电机转换电能，再通过电力电子电路的控制转化，将电能输入到电网。

科研组一共 6 人，其中一位是发动机专业的，两位是电机专业的，一位是电子专业的，我是自动控制专业的。

任何一种发动机，小至摩托车的发动机，大至船舶、电站的发动机，在研究和制造过程中都要测试它输出的马力（功率的单位）有多大。这是一个应用型的项目。在 20 世纪 70 年代，教学和科研指导思想对于这类应用型的项目是很重视的，所以该项目得以在第一机械工业部立项。

我在项目的研究过程中却对其中的一些基础理论问题感兴趣，而且发现有一些基础理论问题前人并没有研究过。

每当改变发动机输出功率时，都会引起测功系统以及系统中的每个组成部件的动态变化，其中测功电机在测功系统（同步电机——可控整流电路）中的动态（过渡）过程是关键。这是电气系统中的一个基础性的问题，没人研究过。这涉及电机学的专门问题。

而我所从事的专业是自动控制，电机学动态过程方面的课程我没有学过，于是我找到这方面的教科书、专著和中国派往苏联留学的博士生的博士学位论文，从头阅读学习。在学习过程中，我发现这些电机动态理论的书存在着一个重要的局限性：所有这些书只推导了初始状态为 0 的动态过程。0 初始状态简单，但没有普遍意义，任意数值的初始状态才有普遍性。为了进一步了解这个问题研究的历史状况，必须尽可能查找这方面曾经发表过的论文和文献资料。20 世纪 70 年代，没有个人电脑，互联网还是现实中根本不存在的"科幻"。我只好到图书馆大海捞针，东奔西跑。长沙市内所有高校的图书馆我都去过，还跑到北京国子监和上海图书馆检索这方面的资料，总算查到该领域最早的 20 世纪 20 年代权威 Park 方程式的论文。在我所看到的所有这些关于电机动态理论的论文和书籍中，其初始状态都为 0。

于是，我下定决心推导任意数值的初始状态同步电机的动态（过渡）方程式。工作量大且烦琐，经过艰苦的推导我完成了论文《同步电机的初始值算子和超瞬变电势》。

论文的引言按照惯例应该写出过去文献中的对该问题研究的状况和存在的问题，且写出本文为了解决 0 初始状态的局限性，推导了具有更为普遍意义的任意初始状态下的动态方程式是对该理论的发展等内容，但序言里并没有这些内容。

论文完成后向《湖南大学学报》投稿。因为论文中涉及一些国内外权威理论存在的问题，而其中有一位，当年还在世的该领域国内的最高权威，还担任着重要的行政职位。于是我这篇论文的稿件内容引起校内有关老师一片哗然，甚至还遭到一些人当面的嘲笑："你是个宝（长沙方言傻瓜之意）！"不久遭到退稿，退稿的理由很简单，"权威是不容置疑的"，但是他们对论文的内容却提不出任何疑问。我据理力争与学报主编和校学术委员会辩论，最终有的人也认为我论之有据，言之有理。在真理面前人人平等，校学术委员会副主任、学报的学术顾问娄彦博教授否定了审稿人的意见，同意在学报上刊登，但是他告之："按照惯例，凡与权威有矛盾的论文《湖南大学学报》是不登的，但是考虑到你的论文确实有价值，所以我同意刊登。这违反了《湖南大学学报》的惯例，但要求把引言中涉及权威的部分删除。"只要能发表，虽然委曲求全，但并未影响论文的实质内容。于是我按照要求，对论文进行了修改，删除对于权威的部分评价，修改后发表在《湖南大学学报》1980 年第 1 期。

我在该论文的基础上又推导完成了《同步电机——整流电路的换流方程》发表在《电气传动》1980 年第 1 期。

想当年，论文刊登以后，还有指桑骂槐的，"有的人只会写论文，人家戳他的脊梁骨。"

科学上很多创新的理论，都是在对旧的理论的怀疑、批判和完善中诞生的。在这个过程中有的老师、领导不理解，甚至发出嘲笑也不足为怪。

对一切不理解和嘲笑，我则以"吾爱吾师，吾更爱真理"自勉，并报以"当仁不让于师"。

该论文发表了 40 年以后，我与湖南大学的一位电机学博士生导师黄教授谈起该论文，他说："你 1980 年发表的那篇有关同步电机动态理论的论文对于现在研究风力发电等新能源很有价值，因为风力发电并电网与测功机系统的电路结构是一样的。"并且请我把该论文和另外那篇《同步电机——整流电路的换流方程》复印给他，我欣然允诺。

哲 理 散 文

书的第三部分"哲理散文"是以德育和体育素质教育为目的而收集的作者的散文，包括生活故事、学术经历、参加学生运动和海军战士经历的文章。对于每篇文章作者都努力使其包含着一定的生活哲理和教育意义。

　　在人文素质教育演讲和参与大学生们座谈时，作者也经常讲述这些故事，大家不仅听得津津有味，而且觉得很有启发和收获。

　　其中的《燕子启示录》《小鸟，自然传奇》体现了作者对自然现象的观察和参与，从而了解自然中的规律，这也是科学探索和研究的一种重要方法；《新龟兔赛跑——诡技》体现出游戏比赛规则中辩证法的运用，还可以为民间提供一种趣味游泳比赛方法的思路。

　　平凡的生活故事，却包含着不平凡的生活哲理。这些哲理在其文章中并没有写出来，而要读者自己从故事中体会，不同的人可能体会出完全不同的道理。这就是这类文章的魅力。

燕子启示录

春天到了，该是燕子归来时。多少年以前，我们校园曾经是燕子的乐园，每到春天，成群的燕子就会飞到江边衔取湿润的河泥在书院、宿舍和教学楼的墙角和屋檐下构筑爱巢，生儿育女。它们在校园的空中自由飞翔，在楼宇的空间里疾速穿梭，偶尔会在你的身边掠过，发出一阵轻声的呢喃。

燕子，没有华丽的羽衣霓裳，然而一昂首一展翅，都那样优美；燕子，没有婉转的歌喉，人们却喜爱它们呢喃软语。但是你可曾看过燕子战士如黑色的闪电划破长空、保卫家园的情景吗？

讲一个燕子拼死与猫厮杀的真实故事。

多年以前，岳麓书院是麓山小学和家属宿舍，燕子很喜欢在那里筑巢。有一年，房屋旁边新修了一堵墙，这堵墙离已筑好的燕窝太近了。

有一天，我看到一只猫匍匐在宿舍的墙头上。这可不是一只平常的猫，它捕鼠、抓鸟、斗蛇，每次都干得干净利索，是一只无比敏捷凶悍的猫。现在它在墙头圆睁虎眼，匍匐弓身，好似上弦之箭，蓄势待发。呀！在墙头前方屋檐下，有一窝刚出世的乳燕。显然这只猫攻击的目标是这窝乳燕。我可不能坐视不管，立刻捡起一块石子，狠狠向猫砸去。猫轻轻喵了一声，纵身跃起，躲过了如子弹般飞去的石子，趁势扑向燕窝。我这一石竟加速了猫的进攻行动。说时迟那时快，一阵疾风呼啸而来，像满弓射出的箭刺向猫的腰部，猫踉跄了一下，差点儿摔下墙头。等到猫回过神来，才知道反击它的只

183

是一只燕子，猫更加凶猛，嗷嗷地咆哮起来。小家伙，你哪里是对手，飞蛾扑火，找死哦！就在这一瞬间，燕子回身直飞高高的蓝天，准备第二次俯冲反击。此刻，猫又纵身跃起，对燕窝再次发起攻击，千钧一发之际，燕子发出一阵凄厉的啸声。这是我从来没有听到过的燕子的叫声，这哪里像燕子的叫声，是战马的嘶鸣，是冲锋的号角。号角声唤来了她的战友，同时疾飞刺向猫的头部。猫张开利爪，血盆大口扑向战斗的燕子。然而燕子一个"鹞子翻身"，直飞高空，同时在空中飘落下细细的白色的羽毛，显然，燕子的胸部受伤了。然而，容不得丝毫犹豫，燕子更加疾速地再次反身发动俯冲反击，如黑色的闪电向猫刺去。在燕子们轮番凌厉的俯冲攻势下，猫竟败下阵来，跳下墙头，落荒而逃。我不禁赞叹，燕子——真正的战士！

也许你会担心，如果有一天乳燕的爸妈飞得很远去觅食，这猫再发动偷袭，怎么办？可是没想到，从这次战败后，这只猫竟再也没有勇气去攻击燕子的家园。相对于娇小的燕子，凶悍的猫是一只"真老虎"，然而在勇敢的燕子的反击下，竟成了一只"纸老虎"。

不知从哪年开始，燕子再也没有来到我们的校园。你们不喜欢高楼大厦吗？不喜欢霓虹礼花吗？不喜欢奔流的轿车吗？

今年春又至，燕子何日归？

（刊登于《长沙晚报》2017 年 3 月 29 日，原题目《昔日岳麓书院燕子》）

新龟兔赛跑——诡技

　　80年以前，我念小学一年级的时候，老师就给我们讲过龟兔赛跑的寓言故事，赛跑途中兔子轻视对手，歇下睡觉了，跑得快的兔子反而输给了跑得慢的乌龟。听得津津有味。下面给诸位讲一个《新龟兔赛跑》。

　　有一天，湖南大学的滕召胜博士邀请童老在第二天星期六上午一起到新建好的湖南大学游泳馆去游泳。童老是个泳迷，欣然接受，如期而至。童老86岁老弱病残，刚跃入水中，滕博士总是如影随形当保镖，紧紧跟在童老后面慢慢游，生怕出事。但看到童老在水中有如"浪里黑条"游泳的技艺高超，忽而如蛤蟆伸张四肢破浪，忽而如白发浮绿水，红掌拨清波，忽而如海龟潜泳，轻松自如。

　　滕博士看此情景，放心了，加快了速度，在泳道内来回穿梭。

　　在老年群体中，童老游泳的技艺还算超群。但是年老体衰，游泳速度很慢，与滕博士年富力强相比，一个如笨拙的海龟，一个如灵敏的海豚。

　　游了近一个小时，博士已经游了2千米，正准备上岸更衣，返回实验室工作。童老泳兴未尽，突发奇想提议要跟滕博士来一场游泳比赛。同来游泳的陈收博士听到后不尽哑然失笑。旁边一些同学听了，也被吸引过来围观。滕博士心想童老好胜心强，无论自己采用什么方式让童老获胜，都将是表演一场水上的龟兔赛跑，毫无意义，反而让老师难堪；在比赛中如果双方正常发挥，童老必败无疑，也于心不忍。

正在进退两难之中，童老却又提出更难以接受的比赛条件："从泳池比赛的起点出发，到泳池1/4的标杆处作为终点，一共只有 12.5 米。"短距离冲刺是老年人的最大弱项，也是对老人的身体健康不宜，容易出事的。这让滕博士更不能接受，不能同意，正准备离开泳池。童老却大声说："我们比谁游得慢，最后游到终点者为胜，冠军。但是游泳的速度不能为负，身体的任何部位不能接触游泳池的池壁和池底。"

比慢只有在群众性运动赛事自行车比赛中，有比慢的，那是比平衡能力。游泳比慢，从未见过，破天荒第一次。陈收博士和周围的同学听后，更是哈哈大笑。

滕博士却领会了，游泳速度如果接近于0，人就会沉下去的，就和飞机失速下坠相似；但滕博士暗喜自己会踩水，在水中几乎可以不前进，满怀取胜的信心，滕博士欣然接受挑战；周围有三四个同学大声说："好，我们也参加比赛。"比赛开始：1、2、3，所有参赛者同时下水。滕博士一下水，就赶忙手脚联动不停地踩水，几乎就停在水中；在水中踩水不前进可是个重体力活，比游水前进还要耗费体力，不可能坚持太久，必须不时向前游动。参赛的同学有的踩水，有的慢悠悠地仰泳，还有的潜泳，憋得满脸通红，多次游上水面换气调整气息。童老一下水用仰泳慢悠悠地游，却比其他参赛的选手快一点儿，观战的同学干着急，轻声地喊叫着："童老慢点呀！"童老不慌不忙手脚停止了划水，舒张了全身，好像一尊卧佛在水中仰面朝天睡大觉，纹丝不动。待所有参赛选手到达终点以后，童老却以自由泳快速游到终点而夺冠。12.5 米用时 5 分 8 秒，创造了慢泳纪录。如果不是为了节约大家的时间，按照童老的慢泳，游完全程就遥遥无期了。游泳池边的同学不尽惊叹欢呼："童老，童不老！"

滕博士输得心服口服，很有感慨："姜还是老的辣，这是老胜少，慢胜快，童不老辩证法的发明创造啊！"

还有的同学说："下次我们学院举办游泳比赛，就增加一个游泳比慢的项目，并且请童老来当主裁判。"

近年来频发的游泳事故是什么

　　游泳是一项很好的健身运动，随着经济的快速增长，大中城市新建了很多游泳健身馆，为很多女士所喜爱，因为通过游泳可以达到减肥塑身的目的。有的女士减肥心切，空腹游泳，以致产生低血糖晕厥甚至溺水死亡的事故。这种事故过去罕见，而近年来，随着人们爱美观念的变化，在有的游泳场馆甚至频发低血糖晕厥事故。

　　2017 年即将迎接新年来临，我在湖南大学游泳馆游完泳以后，已经将近晚上 9 点钟，正坐在前厅休息。突然从女更衣室跑出一位来不及更衣的女士神色紧张地呼唤救人。正在服务台值班的几位女士马上进入了女更衣室。过了大约 20 分钟，这几位管理人员才走出更衣室。据参加抢救的林娜娜介绍，有一位游泳的女士昏迷在更衣室，四肢朝天躺在地上，经过抢救已经脱离危险。林娜娜说："为了减肥，晚饭都不吃，空着肚子来游泳。没游多远就觉得体力不支，跑回更衣室就晕倒在地。还算幸运，经过抢救，已经脱离危险，恢复正常。"原来这是由于低血糖引起的昏迷。我要参加抢救的人赶快给昏迷的那位女士多喝点糖水，或者含糖饮料。林娜娜说："已经为昏迷女士补充了葡萄糖液，我们前台储备了这种药品，以备急救之需。"

　　在短短的一年多时间，该游泳馆经林娜娜等人抢救的因低血糖昏迷的女士已经有三位。其中最严重的一位昏迷后，牙关紧闭不省人事，经过掐人中、针灸穴位，恢复知觉后灌葡萄糖液，才抢救成功。

有的女士减肥心切，空腹游泳，殊不知这是一种危险的减肥方法。

空腹游泳引起低血糖溺水死亡的例子也是有的。2015 年的一天上午，我在上海杨浦区一个游泳馆游泳，刚进入游泳馆就看到游泳池边躺着一位溺水的中年妇女，正在接受人工呼吸和心脏复苏的抢救。我也在旁边"指手画脚"，同时拨通了 120，送医院急救，但非常遗憾没有挽回生命。经其家属介绍和医院诊断，也是因为没有吃早餐就下水游泳，在游泳池中由于低血糖昏迷而溺水身亡。我作为事故的见证人，事后公安局还跟我了解了整个抢救过程并做了笔录。

这种事故特别青睐女士，因为她们减肥心切，所以我要特别向女士们提个醒：不比陆地，游泳时低血糖那是要命的！游泳场馆也应该向全体参加游泳的人员做这样的警示。

游泳是大量耗费体能的运动，切忌空腹游泳。如果在就餐前去游泳，也应该吃够高能量易消化的食物。

游早场或者下午 5 时以后开始的夜晚场，正是要吃饭的时间，饱餐后立即游泳也不利于健康。我的经验是：去游泳之前一个小时应该吃一些易消化的高能量食物，例如，巧克力饮料加上饼干面包，或者方便面加上馒头之类（但不宜吃大鱼大肉之类高蛋白、高油而不易消化的食物），要吃到恰有饱感，但不要十分饱。我今年已经 85 岁了，每次游泳都要游 800～1000 米。在整个游泳过程中，开始几百米慢慢游，食物得到充分消化吸收，以后会越游越有劲，游泳过程快要结束时精力和体能最为充沛，最后的一百米可以用自由泳快速冲刺。回到家中食欲大增，狼吞虎咽再吃晚餐（这对于补偿游泳过程中过多消耗的能量仍然是必要的，至今我保持着苗条的身材），一觉美美睡到大天亮。

当然如果您需要减肥，游泳后的正餐不必像我一样狼吞虎咽，可以酌情少吃或者不吃。

山那边哟好地方

——谨以此文献给共和国 70 周年华诞

1948 年前后，国民党反动派为了挽救其命运制造了一系列镇压进步学生的事件，在上海同济大学为破坏学生自治会的选举逮捕并重伤了大批学生，在杭州浙江大学杀害进步学生于子三，这些事件激起了上海大、中学生针对国民党反动统治的反迫害、争民主运动的高潮。

那时我在上海私立中正中学上初中。该校校长黄雍是国民党内的进步民主人士，中华人民共和国成立后曾经担任了几届政协委员。当年他对进步的学生运动采取了比较宽容的态度。中正中学离同济大学比较近，同济大学有的大学生在我们中学兼职，大学中的进步思潮和学生运动也影响并带动了我们中学生参加。

1948 年，我参加了同济大学"五四纪念晚会"和 5 月中旬交通大学民主广场的营火晚会，这两次晚会都是全上海大、中学跨校的反迫害争民主的活动，控诉国民党反动派镇压学生民主运动的罪行。

1948 年 5 月 4 日的傍晚，中正中学的学生乘汽车前往同济大学参加五四晚会。中正中学与同济大学之间人烟稀少，还分布着一些农村。途中大学生和高中生伺机下车，在几处电线杆和房屋的墙壁上张贴了一些反迫害、争民主的标语，还有揭露国民党军警特务在同济大学和浙江大学迫害学生的传单。我们年龄小的初中生留在车上监视放哨，一旦发生异常情况，就用手电筒发送警报信号。到达同济礼堂时，大会已经开始，会上那些为争取学生自治会的民主选举而遭受迫害的大学生控诉国民党军警的罪行，呼吁全国学生支援惩治镇压学生的罪魁祸首。这一呼吁得到全场学生的热烈响应，高呼"要得"（四川话，表示"好"和"赞同"。抗日战争时期，很多学校内迁到云贵川，抗战胜利后复原到沿海的学校在很长一段时期都流行川话），传唱着向往光明和解放的歌曲。

过了几天，我们又到徐家汇交通大学民主广场参加反迫害争取民主的营火会。这次是从上海市东北的杨浦区驱车前往西南的徐汇区，我第一次沿着上海的长轴线斜穿整个上海最繁华的市区，看着沿路闪烁着霓虹灯光，不时听到呼啸而过的"飞行堡垒"（当年警车之称），繁华的景象终究掩饰不住国民党正在走向风雨飘摇的末路。到达交通大学民主广场时，营火会已经开始，大群的学生围坐在广场周围，广场的中央燃起了象征光明和斗争的熊熊的烈火。为了保护我们这些年龄小的初中生，组织把我们安排坐在比较容易撤退的出口附近，并且告诉我们，一旦发生军警特务的破坏行为，要首先撤离躲避。这次营火晚会安排周密细致，布置了防范措施，而且由党的地下工作者在全上海市的大、中学校进行了组织动员，面对浩大的声势，国民党反动派也胆怯了，当晚没有发生镇压破坏事件。在营火会上有支援同济大学和浙江大学学生运动的演讲，同学们群情激愤，大声说着反迫害争民主的口号，高唱着团结就是力量，在营火的映照中一遍又一遍地传唱着向往光明和解放的歌曲——《山那边哟好地方》：

> "山那边哟好地方，
> 一片稻田黄又黄，
> 大家唱歌来耕地的
> 万担谷子堆满仓。"

一年多以后，终于迎来了"山那边"照耀过来的黎明的曙光，神州大地得到解放，成了人民当家做主的光明的"好地方"！

我的海魂衫

——谨以此文献给共和国 70 周年华诞

新中国成立前，在上海吴淞口经常能看到长江中游弋着的威武的战舰，一排排舰炮透出逼人的寒光，战舰上飘扬的却是骄傲的星条旗或是米字旗。街道上，经常看见美国水兵带着吉普女郎驾驶着吉普车呼啸而过。那时我们多么向往驾驶着自己的战舰把外国列强的军舰赶出领海，让我们战舰上的国旗迎着海风飘扬到全世界那些最美丽的海港。这就是我们少年时的扬帆远航之梦。

为了实现这个扬帆之梦，哥哥在中学读书时，爱不释手的一本书竟然是《太平洋军事地理》。在太平洋军事地图前，时而沉思，时而比画。1948 年哥哥高中毕业，准备报考国民党的海军学校，但父亲和姐姐都极力反对，告诫他："国民党已经腐败，大势已去，不可能建立一支像样的海军，海军强国之梦只能是泡影。" 1948 年国民党

我的海魂衫

很多海军舰艇包括刚从英国回来的王牌重庆号巡洋舰都起义投奔光明，在败亡的形势下其海军学校也停止招生，哥哥只好报考浙江大学化工系，终未能实现他的美丽的海洋之梦。

1949 年英国紫石英号巡洋舰在长江口意图阻止解放军渡江，中国人民解放军陆军用大炮教训了它，这艘大英帝国横行霸道的钢铁战舰竟然乖乖挂起白旗，而后又溜之大吉。这是自鸦片战争以来外国军舰第一次向中国军队投降。这和我们过去在黄浦江上看到的耀武扬威的外国军舰形成了鲜明的对比，"紫石英号事件"在少年的我心头燃起了希望之火。

1950 年 12 月是人民海军建军的第二年，在全国大、中学生报名参加军事干部学校的高潮中，16 岁的我弃笔从戎报名参加中国人民海军，全家人欢送，姐姐还送给我一本《钢铁是怎样炼成的》。

父亲一路送我到了部队集合地点——降下了青天白日旗的原国民党海军司令部，而今成了升起鲜红八一军旗的中国人民解放军海军联合学校。当年我们这些参加中国人民解放军海军的学生都还年少，第一次穿上了象征着蓝色大海的水兵服和海魂衫，兴奋的心情难以言表，不约而同地跑向照相馆，留下了最珍贵的影像。

几年后，我被调到青岛海军基地，接收从苏联购买的舰艇，并被分配到猎潜舰。

我们的猎潜舰吨位不大，只有几百吨，但电子装备先进，火力强大，装备的武器可以和潜艇、军机、水面舰艇作战；速度快，机动灵活，出击时犹如海上的猎鹰。

成山头是我们猎潜舰经常巡航的海域之一，那里有甲午的海魂，大海总是汹涌澎湃，因此成了几个国家敏感的海域。每次我们猎潜舰巡航到成山头海域，都犹如剑出鞘，准备雪甲午耻。

有一天，我舰在成山头海域巡航，那是一个狂风巨浪的日子。小小的猎潜舰顶着风浪前进，有时几乎被巨浪吞没，有时又跃上浪尖。很多舰员都晕船呕吐，我可是一个天生不晕船当水兵的料子，此刻正在三七炮位值班。这是一种主要对付飞机的高射机关炮，也可以平射舰艇。我坐在炮位上，巨浪不时盖过我的身体，犹如甲午海魂擂起战鼓。正当一个巨浪向我扑来时，战斗警报响起了。原来是一架不明国籍的军机沿着我国的海岸飞行，它在公海上空又很贴近 12 海里的领海线飞行，不时接近我舰上空，这显然是一种挑衅，而且是一位老到的飞行员驾驶的。

我舰立即把这一情况电告海军司令部，海军司令部命令我舰驱离该机。驱离而不是击落。枪炮长命令三七炮位上的我们对准距离飞机左翼 500 米处开炮，但这架顽固大胆的飞机却没有飞离的意思。它在公海上空，这位老奸巨猾的飞行员知道如果击落他，将产生严重的外交问题。既然他用危险的动作挑衅，我们就用更有威胁性的方式警告他。这是一场海空的斗智斗勇。枪炮长命令对准飞机飞行前方 200 米处开炮。距离击毁飞机只差几毫秒。我们两个炮手的心脏提到了嗓子眼，瞄准、毫不犹豫地开炮，在这一串炮火"礼花欢送"下，该机向着更远的公海仓皇逃窜。

我们猎潜舰继续巡弋，然后向着青岛大港返航。军舰上的广播响起了"红旗飘舞随风扬，我们的歌声多嘹亮……人民海军向前进，保卫祖国海洋信心强！"这就是中国的海军御敌于国门之外的自豪的军歌。我们坐在炮位上，眼睛噙着泪花，那浸透着海水的海魂衫还紧贴在身体上。

（本文曾刊登于《湖南大学报》和人民海军的一个内部刊物）

钢铁是怎样炼成的

"路漫漫其修远兮，吾将上下而求索"

——纪念改革开放 40 周年

"创新从来都是九死一生"，习近平总书记对于创新面临的挑战做出这样的论断，又鼓励创新者"必须有'亦余心之所善兮，虽九死其犹未悔'的豪情"。

改革开放犹如中华大地上的一场文艺复兴运动，是从未有过的创举，它也面临着习惯势力和难以预料的风险，给全国人民和各行各业带来前所未有的机遇和挑战。

一、浪花虽小，也要绽放

1978 年改革开放以后，各种学术活动和学术刊物的创刊如雨后春笋。全国人民掀起了学习的高潮，学术界更是如饥似渴地学习那些从国外涌进的新知识。很多老师作为访问学者到美国、日本、德国、英国、加拿大、澳大利亚等国家学习先进的科学知识，他们有的回国以后成为我国新兴科学领域的创始人。我校的翁祖泽作为访问学者到加拿大进修电力系统的动态分析，回国以后引进国外先进的计算机动态分析的方法，并在《中国电机工程学报》发表了论文；"人工智能"一词在改革开放以前大多数人闻所未闻，改革开放以后，中南矿冶学院的蔡自兴作为访问学者到美国进修人工智能，回国以后成为我国人工智能领域的创始人之一。

大多数人都没有出国留学的机会，但是全国人民千方百计地寻找机会学习新的知识，各种新知识的学习班报告会如雨后春笋在全国各地举办起来。当年湖南大学计算机系举办神经网络学习班，我也去听过课。那时讲课的人不要报酬，听课的人也不必交学费，每一个人都如初生的婴儿对这个新世界充满了渴望。为了学习现代控制理论，我还专程到上海科学会堂听有关的课程和学术报告。

20世纪80年代初，湖南大学、中南矿冶学院、湖南省计算技术研究所、国防科技大学等单位联合创办了湖南省自动化学会、《计算技术与自动化》杂志、现代控制理论讨论学习班。当年湖南大学电机系的很多老师都是湖南省自动化学会与学术活动的创始人和积极参与者。

现代控制理论的基础是数学，很多数学老师也参加了该学习班，当年学习讨论班就设在湖南大学数学系。改革开放以前，大学的理工科除了少数的自动控制专业以外都没有开设现代控制理论课程，很多人是在改革开放以后自学的。每个人各有所长，各有所短。没有专门的老师，每个参加学习班的人既是学生，又是老师，轮流上台当老师，现学现卖。上课的形式生动活泼，有中心发言，有提问讨论，也有辩驳争论。为了探索真理有时会争得面红耳赤。

改革开放初期，学校里还没有恢复职称制度，我们这些年近半百的老头儿几乎都还是改革开放之前的助教。但在这个学习讨论班，有的人教学效果不亚于现在的教授，湖南大学的赵世森讲线性系统，中南矿冶学院的一位张老师讲频域法和时域法。他们的讲授逻辑严谨，丝丝入扣。在学习班我讲的是最佳过程的数学原理，有时被听课的"学生"问得瞠目结舌，下课以后回去再翻书学习，第二天还要走上讲坛当老师。不管讲得好还是不好，每个参加这个学习讨论班的人都义不容辞地把自己的所长奉献给大家。

通过当年举办现代控制理论讨论学习班，一些新型的系和专业，如自动化专业、自动化仪表专业、系统工程系等在湖南大学应运而生。

我们哪怕是改革开放大潮中的一朵小小的浪花，也要学牡丹花一样美丽绽放。

二、"亦余心之所善兮，虽九死其犹未悔"的豪情

1978 年一声春雷，中国迎来了科学的春天，人们如饥似渴地吸取着知识的阳光和雨露，面对知识的海洋涌动着创作灵感的浪潮。

这一年我写了好几篇论文，向最权威的期刊投稿，其中的第一篇《一类系统的奇异解》投稿到《自动化学报》，不久就被退了稿件。

没有互联网的时代，都是用手写的纸质稿件邮寄投稿，对于没有采用的稿件还会退稿，并且要郑重其事地写上退稿意见。退稿以后，我不服气，专程到北京向负责控制理论的编委——一位毕业于华沙大学的"陆归派"反映意见，但未被采纳，我悻悻而归。

不久，看到《自动化学报》发出通知，在桂林阳朔召开第一届"全国控制理论及应用学术会议"并向全国征文。我再次将那篇被退稿的奇异问题的论文投寄到上述会议，一瓢冷水，未被录用，但还是通知我参加会议。生平第一次参加全国性的学术会议，我转忧为喜，很兴奋。带上我的研究生和同教研室的老师，还有大学老同学，赶赴桂林阳朔参加会议。我们都生平首次"吃螃蟹"，犹如乡下人进城一般地兴奋。

虽然我所投的稿件并未被录用，但经过我的请求，大会主委同意并安排我在控制理论组宣读论文。当轮到我宣读时，我既紧张又兴奋，在黑板上用最大号的粉笔字写下了"奇异论"的通栏大标题，再用朗诵般的语调宣讲论文的内容摘要，稍做停顿，环顾四周，准备迎接听众热情的掌声，却发现下面的听众有些茫然。继而会议的主持人开口说："你这是讲的什么东西？不要讲了！下去！"如一声惊雷，我目瞪口呆，冷静了一会儿说："等把论文讲完，你们可以批评指教。"我继续从数学上解释什么是控制中的奇异问题，会议的主持人又以命令的口吻对我说："你不要再讲了！"并安排下一个人上台宣读

论文。我还呆呆地站立在讲台上，我的研究生见状把我连劝带拉下了台。

第一次参加全国性的学术会议，很多人得到的是掌声和鲜花，而我却遭受到当头棒喝，又是在我的学生和老同学面前，论文的奇异问题竟然变成了我人生途中的奇异问题。

当天下午参会人员乘游船游漓江，我也没有心情去游玩，找到当时也在阳朔参加会议的北京大学数学力学系的黄琳教授（现在科学院院士）请教。我把报告的论文给他，他看了以后说，这种控制系统奇异问题很多人都还没有接触到，是因为不理解吧。

这篇论文是经过严格数学推导的论文，在理论方面不会有错，对于控制理论很有意义，这就是论文的底气。虽然在会议上遭到了很大的挫败和打击，但我对论文信心不减。当天夜晚我托人把论文打印了上百本，像发传单一样送给参会的人员，开完会以后又把论文投寄到当时由一些年轻数学家主办的一个学术刊物《科学探索学报》，并且把这篇论文所遭受到的经历告知了编委，该学报对论文通过严格的审阅后予以刊登。为了进一步扩大论文的影响，我又把它翻译成英文。当年学校里还没有打字复印的设备，我用复写纸和圆珠笔复写了几份英文稿。正好 1981 年东京召开国际信息处理大会（IFIP），论文投到该国际会议，被录用。开会前，大会主席两次写信邀请我参加会议。改革开放初期中国学术界能在国际上发表论文的尚属凤毛麟角。以后我又考虑到这篇奇异论是一篇纯粹推导的控制数学论文，没有联系实际应用，有的人无法理解该论文的内容和其应用的价值。为了研究其应用背景，我到湘潭电机厂、湘潭钢铁厂、湘江模具厂等工厂调查与研究工厂的能耗，最终写成具有应用背景的论文《最小能耗控制奇异问题的研究》，投稿并刊登在中国自动化领域权威的《自动化学报》学术论文栏目。

这篇论文发表至今已近 40 年，现在研究最小能耗控制领域的博士生还以该论文作为主要的学习文献。当年在学术会议上赶我下台的那位主持会议的老师见到我时，对我表示歉意并对我的研究成果做出了肯定评价。

后来我又写成了包括该奇异论的专著《电气工程最优控制》，并获得了全国首批国家自然科学基金项目。中国科学院张钟俊院士和曹献犹院士对我的包括奇异论的专著做了肯定，并欣然命笔为该书写了序言。1988 年这本书获得了国家优秀科技图书二等奖，在全国产生了影响。

自动控制理论界的领军人物，北京航空学院的高为炳教授邀请我到北航讲学，杭州中国计量大学副校长甚至亲自登门邀请我到他们学校工作，宁波大学也写信邀请我到他们学校，并许以优厚的待遇。但是为了创建湖南大学自动化博士点，我婉言谢绝了。1989 年我被国务院学位委员会评审通过了博士生导师和建立湖南大学自动化博士点，这也是湖南省的第一个自动化博士点。

对我而言，这是迟开的花朵，奇异带刺的花朵。似乎命中注定，在我前进的道路上，几乎每一次重要的学术成果，都要经受类似的磨难。

在探索的道路上，有一双无形的手牵着我往前走，像是鬼使神差地走向这条不归路，不达目的不罢休。不是说四十而不惑嘛，可是我过了八十还惑。

80 岁以后，无意中我看了一本哲学思想史和一本科学史的书，这又把我引上了国学中的科学文化这条不归路。在我更广泛地阅读了这方面的书刊以后，我产生了灵感和冲动，写了一篇论文《中国古代天文学不是伪科学》，向很多报刊投了稿，都如石沉大海，杳无音信。

有一天，我突然听到手机在响，对方以质问的口气说："我打了多次电话，你为什么不接？"对方接着说，"我是《中国社会科学报（争鸣版）》的编辑，对你的文章《中国古代天文学不是伪科学》很感兴趣，但是文章太长不适合报刊发表，你把它删减到 2200 字左右再发给我们。"

这就如给我注射了一针强心针，让我振奋起来。原来的文章是按照论文格式写的，有上万字，要重新写过才能减少到 2200 字。写完以后又发给了《中国社会科学报》。过了将近半个月，又杳无音信。我打电话问这位编辑是什么原因，他回答说："因为文章中涉及两位权威，其中一位权威还是这方面的首席科学家，他不会自己否定自己，你是不是搞错了？"

我说："不会的，有他们发表过的文章为依据。不过我可以把他们的姓名和某些论点从文章中删除。"

这位编辑立刻回答说："可以，可以。"

我第二次对文章进行修改并发送给编辑，得到回复："文章内容太单薄了，要补充一些欧洲古代天文学的问题与中国的相比较。"

而我不是天文学专业的，为此阅读了大量的欧洲古代天文学的资料，于是我进行第三次修改并发给了编辑，得到回复："文章字数太多，要求再删改到 2000 字以下才可以刊登。"

于是按照要求，第四次修改再发送给编辑。为了写作和修改这篇稿子，那年春节我都没有休息。经过这样多的折腾，又通过很长时间的等待，居然得到一句话的通知："该文没有通过审稿程序，不予刊登。"至于文章方面有没有缺陷，为什么不能通过审稿程序，没有做任何交代，当然我不服气。又经过难以言表的折腾，而后在《中国社会科学报》总编的干预下，终于以《中国古代天文学不是伪科学》通栏大标题刊登在 2016 年 7 月 26 日《中国社会科学报（争鸣版）》。

这就是一个在科学道路上的苦行僧的八十之惑，"'亦余心之所善兮，虽九死其犹未悔'的豪情"。

三、新时代新征程

退休以后我有了闲情逸致，开始学习散文和美术的创作。有一位老师评价我的画"一画一故事"。在学校画展中，有的留学生多次索要我的作品，并且要出高价买，其中尤以《红头绳之舞》为他们所喜爱。他们欣赏这些作品中所蕴含的哲理和想象力，既具有他们从未见到过的中国东方绘画的神韵，又有西方绘画写实、色彩华丽的特色，这些外国留学生容易理解接受。

还有一些作品陆续发表，哲理散文《燕子启示录》登载于《长沙晚报》；

有的散文发表并且获得了全国性一等奖、二等奖；表现中华儿女浪漫主义情怀的中国画《惊回首》《昆仑》《黄河颂》《红头绳之舞》以及表现中华民族开放的海洋精神的油画《海上丝绸之路》发表在由文化部主办的核心期刊《艺术教育》；《舞》获得"梦想杯"全国书画大赛三等奖，我也因此获得"优秀艺术家"的称号，并成为中国书画家协会会员。

以上文章以《路漫漫其修远兮，吾将上下而求索》为题获得湖南大学离退休处纪念改革开放 40 周年征文二等奖

鬼使神差

退休以后，我喜欢画画，师从"童话"。我每天画，白天晚上画，半夜起来画。有人陷于网瘾，我则陷于"画瘾"。作品得了全国性的奖项和荣誉，正在美术的道路上春风得意。

有一天我准备到一个药店里去买点药，匆匆忙忙地走在路上，不经意间，看到路边有一个旧书摊，说是旧书摊，其实就是一个地摊，地上胡乱放着一堆书，都是一些花花绿绿的时装类的、美食类的、明星歌星类的杂志和书籍。我正准备拔腿赶路，这时两本旧得发黄的书闪入了我的眼帘，中华书局的《中国古代哲学问题发展史》和清华大学出版社的《科学技术发展史》。我不禁停下了脚步翻看起来，由于专业的关系，书中的内容对于我来讲是新鲜有趣的，连到药店买药都忘记了，付完了钱，回到家仔细阅读起来。

以前我对中国古代的哲学思想和科学技术的了解几乎是一张白纸，只知道孔子是克己复礼的思想家和教育家，中国古代的科学技术就是四大发明。阅读这两本书以后我为中国古代的思想家和科学家的智慧和批判精神所震撼，并由此启发了我进入到一个科学哲学的新领域——国学对科学创新的启示。进入这个领域纯属偶然，却一发不可收，从美术的道路上折返到另外一条不归路，这是我第一次被鬼使神差。

着迷地看书，写心得笔记，而后整理成文章《国学对科学创新的启示》。有一天我正在打印社打印这篇文章时，我的一位研究生，现在已经是教授、博导，当场看了这篇文章，非常感兴趣，并建议我为全校的研究生做这方面的学术报告。我欣然允诺。以后他积极向研究生院、电气与信息工程学院的领导提建议，而且为我设计制作了精美的报告海报，这个海报上面就印着《屈子行吟图》。

2014 年，我 80 岁生日之年，研究生院和电气院邀请我以《国学对科学创新的启示》为题为全校研究生做了一个学术报告；2016 年恰逢校庆 80 周年又以《国学中的科学文化》为题在岳麓讲坛做报告。

本来我不是从事科学哲学和科学史专业的人，只因为我偶然买了两本哲学史和科学史的书，看了以后有点儿心得体会，做这样的报告只是一时的兴趣而已。以我这样老的年龄，并不准备在这样新的领域搞下去，还是想回到我原来的美术道路上，做一个业余的美术家。想不到《中国科学报》却以《寻找国学对科技创新的启示》为题进行了专题报道，很多大型网站如光明网、科学网、军事网等又做了转载。当我正在窃喜之中，想不到在学术界和网络上却掀起了狂风巨浪和一片讨伐之声："中国古代科学，那是镜花水月，自作多情""用中国古代那点可怜的技术冒充科学""中国古代的四大发明只是一种自我安慰"，甚至漫骂这是"泼粪"。我为此感到纳闷。

在我的心目中，还以为中国古代的天文学、数学、医学、农学等学科领域领先于世界，是中华文化的重要组成部分。难道我说错了吗？难道我是在泼粪吗？

于是我钻图书馆，读书、看文章，要搞清楚这到底是怎么回事。我挑灯夜战，春节都不休息，凭几年来读书所获得的知识写出了一篇论文《中国古代天文学不是伪科学》。这可是一篇得罪权威的论文，我向多个报纸刊物投稿，石沉大海，个中滋味难于表述，但是，我仍然坚持不懈，经过多次修改、投稿，最终在 2016 年被《中国社会科学报（争鸣版）》采用刊登。我把这篇文章《中国古代天文学不是伪科学》又转载到网络上时，想不到网络却一片沉默，那些骂我"泼粪"的竟然也哑口无言了。否定中国古代科学的人从我的这篇文章中找不出任何的瑕疵，所以他们沉默，因为写不出批驳的跟帖。

但是在网络的其他博客中，还有指桑骂槐的，"一个退役军人，文化水平不高""不要用民族主义感情代替科学"。持这种观点言论的人，根本就不是我论战的对手。我想从此可以鸣金收兵，罢手休息了！

我这样的无名之辈要在报纸期刊发文章，不知是编辑的平庸还是我的无才，难而又难，不如在网络上发博客吧。既然是一场争鸣，总有锋芒毕露时，即使传递文化自信的正能量的博客有时也会被网络上自称为"小编"的人屏蔽。

对于中国古代的文化，100年前的五四时期学术界就有学者提出了"打倒孔家店"和"中国古代无科学"的口号和论点，在当时大力提倡民主与科学的历史条件下，这些过激的口号曾经起到了一定的积极作用。现在中国基本上实现了民主和科学，对待历史问题应该实事求是地反思。在反思的过程中，我们重新认识了孔子作为思想家和教育家的历史地位，然而至今还有为数不少的学者否定中国古代科学。从此我以80多岁的高龄决心为中国古代科学文化布道，在中南大学、怀化学院等，知名的或不知名的多所高等院校做报告；还在《中国老年杂志》《湖南大学报》《爱晚亭》发文，仅仅在科学网就发了数十篇博文。

这样的论战也引起了主流媒体的关注，近年来有一段时间，CCTV－1/4/10电视台频频播放袁隆平、屠呦呦、潘建伟和朱崇鹏等科学家亲自介绍自己在继承中国古代科学成就的基础上发展了领先于世界的现代科学。今年《人民日报》以整版的篇幅发表了学者李申肯定中国古代科学具体特点的论文，这是针对全盘否定中国古代科学的批判，大力宣传中国古代科学的辉煌成就及对它传承的正能量的声音。

国学中的科学文化是我学习、争鸣和创新研究的新征程。

"创新从来都是九死一生，必须有'亦余心之所善兮，虽九死其犹未悔'的豪情！"

老骥撰联以明伏枥之志：

泼彩赤橙黄绿蓝紫绘山川风雨浪涛景，

涂墨喜怒哀乐美丑写人间温柔豪壮情。

平凡的好人——念桥

  岳麓山穿石坡的上面有一个水库，如果在空中俯览，这个水库就像镶嵌在苍松翠柏群峰叠嶂中的一块蓝宝玉，这一湖碧浪清波吸引了一些泳迷到水库里"中流击水"。虽然没有"浪遏飞舟"，却"乐如同队鱼"，仰可望"鹰击长空"，俯可观"鱼翔浅底"，在大自然的怀抱中其乐融融。有的游泳爱好者甚至从湘江对岸远道骑单车到这里一显身手。水岸陡峭，一不小心就会滑入深渊。敢于在这里展示泳技的都是"浪里白条""出水芙蓉"。

  有一天我到水库边散步，看到有几个人在水中游泳。其中有一个人是湖南大学马列老师赵梦昭的儿子，我叫他小赵。看此情景，兴之所至，我立即脱衣下水，与他们一起劈波斩浪。当年我虽然已经七老八十，但也成了这里游泳的常客之一，是其中年龄最大的人。

  小赵高大魁梧，当年也有五六十岁了。叫什么名字，在哪里工作、居住我都不知道，好像是在哪个工厂工作。我和他父亲赵老师是蛮熟的，赵老师曾经送给我一本他研究李后主的著作《千古词魂李后主》。

  小赵游泳的本领了得。在湘江也经常有他的身影，他用蝶泳泳姿在湘江两岸间来回飞渡，是我所见到的游泳本领最高强的。我很难望其项背，自愧不如。

  有一天，我和小赵等几人，在穿石坡水库游泳，游得正酣，岸边来了两个小青年，十八九岁。他们脱衣，其中一个下了水，第二个紧接着又跟着下水，刚离开岸边十几步，他俩一个一个都接着往下沉没了顶，只看见两手慌乱地拼命打水，离岸边越来越远，一直往下沉，没有起来，大事不好！我和小赵赶忙向着这两人溺水处游过去，在游的过程中，我的心七上八下，凭我的体力和游泳的技术救得了他们吗？说时迟那时快，小赵已经高速游到了他们溺水的地方，救起一个溺水人把他推上了岸；紧接着又回头，一个猛子扎进深水中，一时不见人影，顷刻又把第二个溺水人救起推上了岸。因为抢救及时，两人并无大碍。如果今天没有小赵在场游泳，他俩就再也见不到父母了。他们边穿衣服边说："我们是刚考进中南大学的新生，好奇到这里来，只想在水边玩一玩，想不到一下水，人就不由自主地往水中深处走，往水下沉。"原来他们不会游泳，不会游泳的人往往就是这样淹死的。

这两个小子穿好衣服，连谢都不说一声就走了，我被他们这种冷血的行为惊得目瞪口呆，二话没说，跳上岸，只穿着泳裤追上去，张开双手拦住了他们，厉声质问："对你们的救命恩人，谢谢都不说一声就走，你们父母知道会痛心惭愧的！"这两个小子只好回过头来对小赵勉强说了一声"谢谢"后，又扭头向着中南大学疾步走去。看来有意回避我们，我疾步又追过去，想问问他们的姓名，是中南大学哪个班级的，如果向有关部门反映小赵救人的事迹好有一个依据。但这两个兔崽子却一溜烟不见了踪影。我感到愤愤不平说："这两个小兔崽子真冷血！"小赵却淡然地讲道："在湘江中我也救过人，这样的事遇得多了，无所谓。"真是个隐姓埋名的好人呀！

可是在我的心中，却把这事看得很重，这毕竟是两条鲜活的年轻的人命，是他们父母和家人的心头肉。以前也有年轻学生在湘江溺水淹死的，他们的父母到学校里哭得死去活来。如今小赵是这两个人的救命恩人，再生父母，恩重如山。

多少年来我经常自责，起码我应该把小赵的事迹反映给他们的单位，但是我没有；我应该写一篇表扬他的文稿，但是我没有；这样的好人精神应该让他发扬光大，但是我没有。

　　以后湖南岳麓山加强了管理，小赵的父亲赵老师去世，也许他还不知道他儿子救了两个年轻生命的好事。从此好多年我和小赵再没有见面。但是他的事迹却永远印刻在我的心中，成为一种牵挂，一种对小赵的歉疚。

　　近年来，中央电视台推出了《今世缘·等着我》的综艺节目。其中也有不少寻找战友、寻找恩人的事迹。我多么希望，能够突然看到十多年以前那两个中南大学的学子，如今应该早已毕业工作了，能够出现在电视台中，寻找他们的恩人小赵，摁下"等着我"的按钮。这样也能卸下我心中的歉疚和遗憾。但是就凭着这两个人当时冷血的人性，我知道这是一种不可能实现的奢望。

　　随着我年复一年地老去，我对此事的歉疚愈来愈重，我老是牵挂着，还是应该打听小赵叫什么名字，在哪里工作，住在哪里。无论如何要把小赵救人的事告诉世人，告诉他父亲在天的亡灵，了却我的心愿。

　　前几天，在麓山南路上，无意间见到一个人。我们互相打了个照面，愣住了，老了哇，几乎认不出来了，但是都不由自主地互相端详着，互相打招呼。哦！原来是多年以前的游泳朋友，他就是赵梦昭老师的儿子。赶紧问他叫什么名字。小赵说："赵念桥，和武汉长江大桥同年生，那是长江上的第一座大桥，所以取名念桥。"兴奋间不知道说什么才好，竟然忘记问他的工作单位，住在哪里，以后怎样联系，不过有了姓名就好办。

　　我又愤愤不平地提起他那年救起那两个学生的事，念桥又淡然地说："忘了吧！多活几年。"好人呀，江山易改，本性难移。

　　人老了，生怕忘记我多年来追寻的这个名字，这几天我一遍又一遍地叨念着："念桥，武汉长江第一桥，念桥，武汉长江第一桥……"又赶紧把他救人的事迹写下来，好告诉他在天的父亲赵老师，告诉世人：一个隐姓埋名的、平凡的好人，和武汉长江第一桥同年生的——赵念桥！

小鸟，自然传奇

岳麓山是鸟的乐园。我家住在岳麓山枫林村，在山谷环抱的树林里。每天与鸟为伴，清晨听群鸟鸣唱，忽而独唱，忽而对唱，忽而急促，忽而悠扬，宛如森林中的青歌赛；黄昏观赏夕阳映照下群鸟归林，似乎山谷敞开了怀抱，迎接它的儿女归宿；晴日看碧空如洗的背景中鹰击长空，犹如王者雄视群峰。

岳麓山还有一种最害羞的鸟，很难见到她。只有在林中听到急促的"哆哆哆"敲击树干的声音时，循声音找去，刚看到这娇羞鸟儿的倩影，她就会飞得无影无踪。这就是美丽的啄木鸟。

清晨鸟儿会飞到我的窗台上，"哆哆哆"，用喙敲击窗玻璃，再唱几首清脆的鸟之歌唤醒我。每天如此。这正是得鸟独厚，我对鸟也情有独钟。

爱鸟是人的天性，但也有些爱打鸟的人，他们或吃鸟，或以此娱乐。枫林村是岳麓山管理的死区，前几年不时有人带着鸟枪到枫林村猎鸟，要是被我遇到了，就会狠狠地训斥他们；在林中玩耍的儿童也会起哄干扰他们射击。

在我们的感召下，我家的雪橇犬"雪花"也是爱鸟者，遇到猎鸟人，也会狂吠着驱赶他们。有一次一只八哥被鸟枪击中，雪花抢先从树丛中找到并衔着跑回家中交给我。这八哥被击中腿部，还好伤得不重，养了几天伤，就放归林中。

这帮打鸟人自觉没趣，只好灰溜溜地溜出树林。近年来这种不文明行为在岳麓山枫林村已经绝迹。

在林中要是仔细观察，每棵树上都可能有鸟的故事上演，或吵架，或谈爱……我家二楼的窗口正对着一棵大樟树。我每次上卫生间的时候都会凝视着这棵老樟树有什么鸟的故事发生。

一天，我发现一只通体乌黑的八哥伏在高高的大樟树的树丫上，原来这只八哥在树丫上构筑了鸟巢，她正在孵蛋。每天一有空，我就去看望他们。为记录他们的生活，我在窗台上设置了一架长焦照相机，为了不打扰他们，用布幕把相机和我的身体都遮挡起来，只露出相机的镜头，鸟们的活动从取景器中看得一清二楚。

不久，有五六只鸟宝宝出生了，张开嫩黄的嘴叽叽喳喳待哺。雏鸟的爸妈轮流飞出去捕虫喂食，喂食以后紧接着就有一只雏鸟翘起臀部，大鸟立刻用嘴从这雏鸟的臀部叼出一颗灰白色的粪便飞出鸟巢，再把它丢弃在树林里。每只雏鸟都是这样轮流进食和排便，这种鸟清洁鸟巢的奇特方式我第一次看到，也从未听闻过。

一般孵育雏鸟都在春夏之交，南方正是多雨的时节，并经常有滂沱暴雨，我总担心这些雏鸟和鸟巢怎能经受住这狂风暴雨。一天正值暴雨伴随着雷电来袭，我真想在鸟巢上面撑起一把雨伞为他们遮风挡雨，此时却看到惊人的一幕。鸟的爸妈展开乌黑油亮的宽大双翼盖在鸟巢上面，保护着雏鸟，自己却任凭雷雨的袭击岿然不动。直至暴雨停息，鸟的爸妈又展开她们刚经受过暴雨袭击的双翼飞去林中为嗷嗷待哺的雏鸟捕虫喂食。雏鸟则从鸟巢中伸出小脑袋欢快地叽叽喳喳。

大概过了一个月，雏鸟在爸妈的哺育和无微不至的关怀中羽毛渐渐丰满，翅膀也长硬了。一个个雏鸟次第爬出鸟巢试飞，试飞几次，然后就飞离鸟巢，到林中去尝试独立的新生活。鸟的爸妈则在附近谨慎地守护着。最后剩下一只雏鸟试飞，这只雏鸟直到黄昏还没有成功飞离鸟巢，看来还要试飞几次。第二日清晨阵雨，忽然传来大鸟一阵一阵异样的嘶鸣声，我立刻预感到有事发生。跑到窗台前，果然看到昨天试飞的那只幼鸟被雨淋得湿漉漉，跌落在院子的中央。一只黑猫正俯伏在五米开外的一辆轿车的底盘下，虎视眈眈；幼鸟的爸妈也在树梢头监护着幼鸟，当黑猫冲出汽车底盘的一刹那，鸟爸爸和鸟妈妈就双双嘶鸣着向黑猫俯冲，黑猫立刻惊慌地躲回底盘下。在旁观战的雪花犬也被这情景惊呆了。鸟猫酣战几个回合下来，鸟爸妈在轮番俯冲和向空中爬升中体力消耗殆尽，黑猫乘虚叼住幼鸟向山坡上奔窜，为了救那只幼鸟，我向着黑猫逃窜的方向追过去，说时迟那时快，突然雪花狗向黑猫猛扑过去，黑猫丢弃幼鸟落荒而逃。还好幼鸟并没有负伤，我捧起幼鸟回到楼上，将幼鸟放到窗台上，拿来吹风机吹干它的羽毛。此时鸟爸妈一直在树梢上警惕地监视着我的行动，怕我伤害了她的鸟宝宝。幼鸟身上的羽毛还未干透，就嗖地一下如离弦之箭飞到妈妈爸爸身旁。我还没回过神来，他们已经飞向森林的怀抱。

　　后来我把救助小鸟的故事讲给一位生物老师听，这位生物老师却不以为然："猫儿捕捉小鸟是自然的规律，人从猫嘴中救出小鸟的行动却是违反自然规律的。""真够冷血的！"

　　有趣！这竟然成了自然哲学上的问题，"诗人"和科学家在自然哲学上的分歧。

　　过了几天，竟然发生了令"诗人"和科学家都为之惊喜的一幕。有一天清晨，我还睡在床上，听到窗玻璃上发出"哆、哆哆，哆、哆哆"清脆的响声，哦！一只小八哥飞到我的窗台上，"哆、哆哆，哆、哆哆……"用喙有节奏地敲击窗玻璃，再唱几句八哥之歌。似乎告诉我天亮了，该起床了，然后飞进树林，几乎每天如此。有时我在树林散步，偶尔小八哥竟然会欢快地鸣叫着飞掠过我的身旁，有一次竟然飞到我的肩膀上停留了片刻，再飞到树梢头，歪着小脑袋，看着我，然后飞进了树林的深处。

　　我把这个小鸟的自然传奇告诉了那位生物学家以后，他竟然几天凌晨瞄在我窗户前面的小树丛中等候，当那小鸟上演传奇一幕时，他双手合十："阿弥陀佛，善哉！善哉！"看来他的血液正在升温。

　　这人鸟之缘，令我惊讶之余更感叹生命是美丽的，都有其可爱、可敬、可歌、可泣之处。

争做"浪里白条""出水芙蓉"

《水浒传》好汉张顺游泳如浪里白条，自由自在；美国电影《出水芙蓉》（*Bathing Beauty*）女主角卡洛琳花样游泳如出水芙蓉，美轮美奂。

人都应该能成为浪里白条或出水芙蓉，宝宝若在水中分娩，婴儿一出娘胎呱呱落水，不会走路，却是"浪里赤条"，游泳健儿。所以游泳是人类最完美的体育运动。游水者的自重与水浮力相平衡，游水者可以以各种优美的姿态在水中自由"飞翔"，翩翩起舞。

游泳在春秋时期已成为大众所喜爱的运动，"众人归之，如鱼有依，极其游泳之乐"（《晏子春秋》），还修建了游泳池，"立沼池，令以矩游为乐"，齐国甚至在水军训练中实行"能泳者赐千金"的奖励。而历代的文人在其文学作品中也留下游泳的佳句"乐如同队鱼，游泳清水湄"和"逸翩思冥冥，潜鳞乐游泳"。

现代，游泳已成为越来越受重视的一种素质教育，军事院校自不必说。普通高校，如清华，在其历史上，"旱鸭子"是拿不到毕业证书的，现在又恢复了"旱鸭子"不能毕业的传统，有道理。游泳不仅可以锻炼体魄和意志，还可以启发想象力、灵感和创造精神："到中流击水，浪遏飞舟""万里长江横渡，极目楚天舒""自信人生二百年，会当水击三千里"，大气魄！所以毛主席号召全国人民"到江河湖海去游泳"。可见游泳是一种文化，更是与水结缘的湖湘文化。

　　游泳是老"湖大人"的传统。老"湖大"曾经有一个利用天然泉水的游泳池，就在现今的外宾招待所往上的红叶楼位置。虽然简陋，但在岳麓山下，山谷绿树环抱之中，在其水中"乐如同队鱼，游泳清水湄"的情趣是任何现代化游泳池无法比拟的。可惜这个游泳池在20世纪60年代初就废弃了。

　　以后"湖大人"就在湘江中"浪遏飞舟"。为保证师生安全，学校的体育教研室在柳叶洲的洲头水中插上标杆，拉上绳索，圈定游泳安全范围。体育老师们又划着小木船，从牌楼口岸边把等待游泳的师生摆渡到湘江中圈定的游泳安全范围内。摆渡的船很小，一次只能乘十几人，所以要来回渡很多次，才能把等待游泳的师生运送完毕。游泳过程中，体育老师就坐在小木船上游弋，监视安全。游泳结束，又要把师生用船接回岸上。那可是要用人力划桨的小木船，划船的还有女体育老师，在夏天烈日暴晒下划船的老师们的辛劳可想而知。以后很多年这个小木船都搁放在北楼门厅内，可惜现在不知哪儿去了。这也是"湖大"的文物，"湖大"历史的一页见证。

　　20世纪六七十年代，每逢7月15日毛主席横渡长江日，体育老师经常组织游泳水平高的师生参加长沙市举办的横渡湘江的活动。一般起点选在河东老长沙电厂，即现在的杜甫江阁附近，终点在牌楼口，横渡湘江；有的年份在橘子洲尾，从河东到河西横渡。游泳队伍最前方有红旗方阵开道，紧接着浩浩荡荡延绵数千米的"浪里白条"和"出水芙蓉"们有的蛙泳，有的仰泳，有的自由泳，有的蝶泳，有的狗刨，各显神通，很是壮观。当年电机系的谭清雄老师和我每次都参加，游完全程上岸，"极目楚天舒"，再吃个大西瓜，沁人心脾。

　　浩浩荡荡大湘江也有狂野的时候，几乎每年夏季都有人溺水身亡，其中也有"湖大"学生。面对如此惨痛的事故，家长的悲伤可想而知，他们多想湖大修建游泳池，避免学生到湘江游泳发生溺水事故。这就是湖大校友熊晓鸽和师生捐资修建游泳馆的初衷。

　　湖大人翘首以盼的游泳馆终于建成开馆了，年轻学子们将在游泳馆脱掉

"旱鸭子"的帽子，个个练就成"浪里白条""出水芙蓉"。

游泳馆虽然建成，但我还是喜欢野泳。

游泳照片 1

水帘高悬白云边，
飞流直下三千丈；
击浪穿波水帘洞，
欲觅神猴花果山。

游泳照片 2

参考文献

［1］童调生. 昔日岳麓书院燕［N］. 长沙晚报, 2017 - 03 - 29.

［2］童调生. 中国古代天文学不是伪科学［N］. 中国社会科学报, 2016 - 07 - 26.

［3］成轲. 湖南大学教授童调生寻找国学对科技创新的启示［N］. 中国科学报, 2014 - 12 - 25.

［4］童调生主讲"科学、艺术与创造之美"［N］. 湖南大学报, 2013 - 07 - 01.

［5］童调生. 最优控制奇异解的探讨［J］. 科学探索, 1984 (1).

［6］童调生. 美术作品选［J］. 艺术教育, 2015 (9).

［7］童调生. 诗神, 自然哲学之思考［J］. 文艺生活, 2019 (9).

［8］张功耀. 科学技术学导论［M］. 长沙: 中南大学, 2008.

［9］方立天. 中国古代哲学问题发展史［M］. 北京: 中华书局出版社, 1980.

［10］T. E. 佛特曼. 线性控制系统引论［M］. 北京: 机械工业出版社, 1980.

［11］许延良. 科学与艺术——人类心灵的浪漫之旅［M］. 西安: 西北工业大学出版社, 2010.

［12］张宏梁. 科学与艺术的简洁美［M］. 北京: 首都师范大学出版

社，2007.

[13] 陈棣沭. 科学美与艺术美的统一性及其对高教的启示 [J]. 教育与现代化，2008（2）.

[14] 李德胜. 音乐知识手册 [M]. 北京：海潮出版社，2002.

[15] 李志虎. 最优周期控制及其应用研究 [D]. 长沙：湖南大学，1990.

[16] 童调生. 同步电机初始值算子和超瞬变电势 [J]. 湖南大学学报，1980（1）.

[17] 童调生. 同步电机——整流电路的换流方程 [J]. 电气传动，1980（1）.

[18] 童调生. 测功机控制系统的特性 [J]. 湖南大学学报，1985（1）.

[19] 童调生. 最小能耗控制及奇异解算法的研究 [J]. 自动化学报，1988（3）.

[20] 童调生. The disturbance compensation and delay compensation using expansive control vector [J]. Chinese Science Bulletin, 1989 (20).

[21] 童调生. The expansive systems of discrete multi – delay systems [J]. Chinese Science Bulletin, 1989 (19)：1663 – 1665.

[22] 童调生. 线性定常系统的不变性 [J] 西安交通大学学报，1980（3）.

[23] 童调生. 电气工程最优控制 [M]. 北京：机械工业出版社，1989.

[24] 童调生. 惊回首 昆仑 [J]. 文艺生活，2019（10）.

[25] 童调生. 抽象画1、2、3 [J]. 文艺生活，2019（9）.

[26] 章兢，童调生. 国学应包括中国古代自然科学 [J]. 湘潭大学学报，2015（3）.

[27] 章兢，童调生. 国学对科学创新的启示 [J]. 湘潭大学学报，

2016（1）.

[28] 李全华.史记疑案［M］.长沙：湖南大学出版社，2010.

[29] 李全华.先秦形名之家考察［M］.长沙：湖南大学出版社，1998.

书法和音乐的动态美参考文献

[30] 西部网.墨韵、墨功、墨舞、墨律——李斌权书法艺术的"另类"表达［EB/OL］.西部网，2012 - 06 - 25.

[31] 中国新闻网.纪念毛泽东120周年诞辰书法交响音乐会举行［EB/OL］.中国新闻网，2013 - 12 - 01.

[32] 宋民.中国古代书法美学［M］.北京：中国体育出版社，1989.

[33] 李德胜.音乐知识手册［M］.北京：海潮出版社，2002.

[34] 陈廷祐.中国书法［M］.北京：五洲传播出版社，2003.

[35] 陈康.书学概论［M］.中国台湾高雄：前程出版社，1981.

[36] 丁文隽.书法精论［M］.北京：人民美术出版社，2007.

中国古代科学形而上学基础参考文献

[37] 陶阳，钟秀.中国神话［M］.上海：上海文艺出版社，1990.

[38] 弗雷泽.金枝［M］.北京：中国民间文艺出版社，1987.

[39] 郭书春.关于中国古代数学哲学的几个问题［J］.自然辩证法研究，1988（3）：40 - 45.

[40] 何建南.莱布尼茨、黑格尔和《易经》符号系统［J］.江西社会科学，1995（12）：62 - 67.

[41] 康德.自然科学的形而上学的基础［M］.成都：四川大学出版社，1988.

[42] 杨足仪.西西弗斯的石头——科学中的形而上学［M］.北京：科学出版社，2008.

［43］龙文懋，崔永东. 传统文化的沉思［M］. 呼和浩特：内蒙古人民出版社，1975.

［44］林德宏. 科学思想史［M］. 南京：江苏科学技术出版社，1985.

［45］刘成纪. 自然美的哲学基础［M］. 武汉：武汉大学出版社，2008.

［46］孙中原. 墨学与现代文化［M］. 北京：中国广播电视出版社，2007.

参考图片

［47］陈逸飞. 黄河颂［J］. 美术，1997（5）.

［48］王国俊. 晨曲［J］. 青春，1981（4）.

后　记——"一本书主义"和我

　　著名女作家丁玲离开我们已经有 30 多年了，然而她的作品和对写作执着的信念"一本书主义"却永远留在人们心中。

　　丁玲钟情于年轻人，关爱他们事业的健康成长。丁玲大姐谆谆教诲鲁迅文学院的学员说："对待写作不要粗制滥造，写几本不很好的书，不如写一本好书。"又转述苏联作家爱伦堡的话："鞋子可以有一百双差不多的，其中应该不止一双好的。而作品相反，不要追求一百篇差不多的，只追求一篇好的。"与物质生产不同，作品的创作是精神的升华，不可重复，而且只有超越，不能求其次。文学史上李白面对崔颢所题黄鹤楼的诗而放弃为黄鹤楼赋诗的典故就说明了这个道理。

　　丁玲对自己的创作经历也有相同的感受。她于 20 世纪 50 年代初访问莫斯科，面对俄罗斯古典优秀文学作品和苏联的文坛名著，深有感触："一个人辛辛苦苦地写一辈子，写一大堆也可能什么都留不下来，可是，哪怕用一生的时间，能写出一本这样经得起时间考验的作品也就可以了。"

　　这就是丁玲的"一本书主义"。其精神实质在于创作要有"十年磨一剑"的匠心，所形成的作品才可能达到思想和精神的升华。

　　曹雪芹披阅十载，增删五次终其一生的《红楼梦》、陈忠实的"垫棺作枕"之书《白鹿原》等可谓"终身磨一剑"。惠特曼一生只写了一本诗集，即《草叶集》，初版的时间是 1855 年，直到 1892 年完成其临终版，将近四十年中一共出了七版，最后成为洋洋大观的诗文合集《草叶集》。"终身磨一剑"，这一剑的光华却照耀了人世间！

科学著作是科学研究和创造的结晶。中国古代墨子一生发表的科学论文，若论字数也不过千字文，可谓字字珠玑；居里夫人一生两次获得诺贝尔奖，其成果凝聚在七篇论文中；陈景润为了攀登哥德巴赫猜想的数学高峰，超越所有前面的登山者，一篇"1＋2"的论文，用去的草稿纸却有成千上万张，要用麻袋装；牛顿一本书《自然哲学的数学原理》揭示了无限宇宙的奥秘。科学界类似的例子数不胜数。字字珠玑，这字字珠玑却成为闪烁在自然界、宇宙空间中的无限星光！

画家烧掉自己辛勤劳动成果的画作更是"一本书主义"中的悲壮之举。吴冠中说："衡量我的画唯一的标准是艺术质量，作品如果表达不好，哪怕是价值千金，定要烧毁。古人有'毁画三千'之说，那还是少的，以后对待自己不满意的作品还照样烧。"这一烧，烧出了艺术的光辉！

丁玲，文学界、美术界和科学界的大师们所秉持的"一本书主义"是一种理性的治学态度，作为后辈的我们应该好好学习。如果把"一本书主义"理解为成名成家的功利思想，那是一种无知，是对于崇高思想的最无聊的亵渎。

我敬佩她和他们，但缺乏他们崇高的思想境界和才华，只有一副笨脑拙手。

我的第一本书《电气工程最优控制》于1989年由机械工业出版社出版。对该课题的研究则始于1963年，收集和翻译过一些外文资料。其间也写过一些论文稿件，由于"文革"的耽搁，没有投稿。正式发表的第一篇论文刊登在《西安交通大学学报》，那是1980年的事了，以后陆续发表论文。

好事多磨，也是在20世纪80年代初，我第一次参加学术会议，宣读与这本书相关的一篇论文《一类最优控制问题奇异解》，刚开始发言，会议主持人就以命令的口吻说："这是个啥东西？不要讲了！"我因而被赶下了台。一时间这奇异解竟然成为"满纸荒唐言，一把辛酸泪。都云作者痴，谁解'奇'中味"。

直至1989年，以我发表的论文为基础最终成书《电气工程最优控制》，1992年获得了全国优秀科技图书二等奖，"十年磨一剑"。

20世纪80年代初期，学术界掀起了一股机电一体化的潮流，为赶这个潮流，我准备在原来《电气工程最优控制》的基础上写一本《机电能量变换最优化的数学原理》。写好了提纲，报到了机械工业出版社，出版社很乐意出版，并列入了出版计划。花了几年时间，写了又写，改了又改，虽然旧貌换新颜，但总觉得跳不出《电气工程最优控制》的窠臼。始终不满意，只好忍痛把书稿付之一炬。这时我才深切体会到"一本书主义"的"不要一百篇差不多的，只要一篇好的"是精神的升华。

我72岁退休后，开始对所从事过的科学研究和教学进行形而上之思考，写了两本并不打算出版的《科学 艺术 创造之美》和《国学中的科学文化》的文稿。我的学生却非常感兴趣，他们自掏腰包，把它制作成了非常精美的印刷品，并且邀请我做《科学 艺术 创造之美》和《国学中的科学文化》的学术报告，又制成了视频光盘，以庆贺我80岁的生辰。以后陆续登上湖南大学岳麓讲坛、中南大学等十多所大学的讲坛做该报告。教务处对这两个报告很感兴趣，列入了写书出版计划。这就是第二本书《问道——文化新论》的起点，至今已经超过"十年磨一剑"。

在写这第二本书的期间，我患有严重的特发性震颤，手已经不能写字，在电脑上打字也几乎不可能。只好用语音输入。可是我的南腔北调，电脑常常不认账。输入书稿中的一个字，经常要变着花样以这个字组词造句，对着电脑说着南腔北调，然后删除无用的文字，这样编辑，往往要花上几分钟才能完成一个字。以蚂蚁爬格子来比喻，那是蚂蚁驮起"一字千斤"奋力爬格子；加上其间发表论文所经历的"过五关斩六将"，这本书可谓历经"九死一生"。

书稿《问道——文化新论》被慧眼所识，在本书写作过程中，中国工程院王耀南院士，岳麓书院原院长陈谷嘉教授，湘潭大学原党委书记章兢教授，湖南大学李全华教授、刘宏立教授、李智勇教授以及教务处等个人和单位对于本书的写作出版都提供了宝贵的意见和物质支持，在此表示衷心的感谢！

童调生

2020 年 10 月 28 日